遗落在西方的
广州记忆

[美]李国庆 主编

[美] 嘉约翰 编著

[美]李国庆　陈　垚 译

清代广州旅本

SPM
南方传媒　广东人民出版社
·广州·

图书在版编目（CIP）数据

清代广州旅本 /（美）嘉约翰编著；（美）李国庆，陈垚译. — 广州：广东人民出版社，2023.7
（《遗落在西方的广州记忆》丛书）
ISBN 978-7-218-16687-2

Ⅰ.①清…　Ⅱ.①嘉…②李…③陈…　Ⅲ.①旅游指南—广州—清代　Ⅳ.①K928.965.1

中国国家版本馆 CIP 数据核字（2023）第 103933 号

QINGDAI GUANGZHOU LÜBEN
清 代 广 州 旅 本

[美]嘉约翰　编著
[美]李国庆　陈　垚　译

 版权所有　翻印必究

出 版 人：肖风华

选题策划：柏　峰
责任编辑：赵　璐
责任技编：吴彦斌　周星奎
装帧设计：书窗设计

出版发行：广东人民出版社
地　　址：广州市越秀区大沙头四马路 10 号（邮政编码：510199）
电　　话：（020）85716809（总编室）
传　　真：（020）83289585
网　　址：http://www.gdpph.com
印　　刷：广东鹏腾宇文化创新有限公司
开　　本：889 毫米 ×1194 毫米　1/32
印　　张：5　插　页：4　字　数：80 千
版　　次：2023 年 7 月第 1 版
印　　次：2023 年 7 月第 1 次印刷
定　　价：56.00 元

如发现印装质量问题，影响阅读，请与出版社（020-85716849）联系调换。
售书热线：（020）87716172

嘉约翰医生像

省港澳轮船公司办公室"旅馆大厦"

"金山号"蒸汽轮船

"香山号"蒸汽轮船

"绥泰号"蒸汽轮船

西江日落

广州基督教公墓内之嘉园（编者摄）

《遗落在西方的广州记忆》丛书序

　　多年前初到美国时，发现大都市多有Chinatown，通称"唐人街"。其地生活的华人多是粤人，讲的华语也多是粤语。如问路，多摇头，偶尔愤愤地回你一句："唐人唔识讲唐话！"仿佛中国人就是粤人，中国话就是粤语。不过事实上早先美国大学的东亚语言文学系也多有教粤语的，敝校则如今还在教，尽管修的人少了。而在有汉语拼音之前，西方数百年来所有词典、百科全书、历史教科书里都有的Cantonese固然是广东人或广东话，Canton指的却是广州。可以说，以广州代表广东以至代表中国，在西方曾经是很普遍的现象。

　　这种现象其来有自。

　　秦末西汉时，南越王国的海外贸易奠定了番禺作为南海沿岸的贸易中心与交通枢纽地位。至唐代，广府已闻名世界。清初中西贸易发达，曾在各处设海关，但最终集中到广东。1757年，清廷将对欧贸易限于广州，是为"一口通商"。也就是说，在鸦片战争迫使中

国开放五口通商前的近百年间，广州是除澳门外西方人唯一可进入和从事贸易的中国口岸，承担着外交、外贸等管理职责。所以说广州代表中国也顺理成章。

因此，广州历史上接待过无数的西方人，其中有画家、商人、学者、传教士、外交官，也有来自底层的船员、工人等。他们在广州少则数月，多则数年，很多人甚至较深地融入了中国式的生活。他们以好奇的眼光欣赏广州，以独特的视角记载广州的风光、地理、人文等。虽然由于文化背景的不同和中国传统的博大，这些记载也难免有变形、疏漏的一面。他们实际上塑造和建构的是一个他们眼中的广州，映射到了西方读者的头脑中，逐渐构成了当时西方世界的中国形象。

近代中国天翻地覆，当年广州的山川风物和社会百态多已烟消云散，却被凝固在这些西方人的著述当中了，就像琥珀中的昆虫，历尽岁月，依然栩栩如生。现在的我们可以借此大致清晰直观地看清近代广州甚至中国在西方人眼中的形象。它们不但是研究中外关系和文化互动、中国近代社会生活史的重要资料，即便是一般百姓，也可据以追怀老广州的街坊店铺、寺庙宫观、五行八作、花艇疍家，甚至琶洲砥柱、大通烟雨。

本丛书计划收录的就是这样一些西文旧籍的中译本。

自改革开放后，中国爆发了又一次"西学东渐"热潮，域外汉学和中国学的经典作品被有系统、成体系地引进，对中国思想解放、学术研究等方面产生了巨大的影响，但在游记方面尚欠力度，成系列的也不多见。

我们希望，通过这些遗落在西方的广州记忆，我们可以重温历史上作为中国对外交往门户的广州之风采，发扬其中的和平、对话、交流、发展等人类共同智慧和人文精神，摒弃曾经的愚昧、自大、保守、落后等鄙陋，在新的时代为推动中国走向世界和世界走向中国作出新的贡献。

李国庆

译　序

　　第一次鸦片战争之后，中国的门户逐渐对外开放。到了清末，按条约对外通商的口岸从最初的五个扩大到近百个。以两广为例，从最早的广州向内地延伸，按《续议缅甸条约附款》（1897）开放了腾越、梧州、三水。到访广州的外国人除了游览广州城和郊外，还可以沿西江进入广西，甚至远到中越边境。除条约的保证，蒸汽轮船和铁路的引进也为此提供了便利。于是，针对来东方观光的西方人而编写的指南和导览性质的小册子便应运而生。有别于此前在华西人所写的游记、日记等著作，如本丛书已出版的《广州七天》《广州来信》《洋记者的广州城记》《龙旗下的广州城》，这类手册面向的主要是能身临其境的游客，而非神往异国风情的读者。所以它们详于具体而细致的旅游信息，而略于不无偏见或讹误的政治、文化和历史的论说，从而保留了晚清中国相当丰富的历史人文、地理和社会风貌。

这次向大家译介的是嘉约翰编著的《广州及其近郊指南》（*A Guide to the City and Suburbs of Canton*），翻译出版时名为《清代广州旅本》（简称《旅本》）。嘉约翰（**John Glasgow Kerr, 1824—1901**）美国人，出生于俄亥俄州邓坎斯维尔（**Duncansville**）。1847年毕业于费城杰佛逊医学院。1853年来华，次年在广州开始以行医传教。1859年，他将美国医生伯驾于1835年创办的西医院改名为博济医院，并担任院长直至1899年。1866年他又开办博济医学堂，培养医学人才，亲自编译教材。孙中山先生曾在1886年就读于博济医学堂。1886年，嘉约翰参与创建中国第一个医学社团——中国医学传教士联合会（中文简称"博医会"），任首任会长和会刊《博医会报》主编。1898年，他在广州建立了中国第一所采用西法治疗精神病的医院——惠爱医癫院。嘉约翰于1901年下半年因病去世，被葬在广州城外二望岗的基督教坟场。后墓地因故被毁。2013年，广州市政协通过提案后，嘉约翰墓地得以在黄庄广州市基督教公墓重修。2014年末嘉约翰遗骨及其家属遗骸正式落土，复原墓园合修，称之为嘉园。

嘉约翰在广州生活长达40余年，可谓老广州了。所以他编著的这本书在19世纪70年代大受欢迎，此后不断更新再版。目前可见的旧版本有1888年的第三版、1889

年的第四版，以及我们据以翻译的别发洋行在嘉约翰过世之后于1904年出版的版本。此后似乎没有更新，只有1918年的重印本和1974年的影印本了。

与此差不多同时，有一本由朱利叶斯·阿诺德（Julius Arnold）撰写并插图，由省港澳轮船公司（The Hong Kong, Canton& Macao Steamboat Co.）出版的旅游小册子，《广州、澳门和西江导览手册》（*A Handbook to Canton, Macao and the West River*，简称《手册》），也很流行。现在最常见的是第九版，印于1914年。省港澳轮船公司创办于同治四年（1865）秋，由英美商人合资。该公司初以美商琼记洋行为总代理，收购了美国制造的内河轮船"金山""白云""火鸽"号等，行驶在粤港澳航线上。它与葡萄牙和中国政府立约，在香港—广州、澳门—香港，广州—澳门和梧州—广州之间运转邮件，是当时唯一为外国人服务并提供头等舱的轮船公司。不过我们没有全文翻译该《手册》，因为它主要提供如何乘坐该公司的汽船航行、在各地旅行及旅馆等信息，其主要经营线路不在"广州及其近郊"这个范围内。但是嘉约翰在《旅本》中多次提到这家公司，而外国人游览西江所要乘坐的主要便是该公司的轮船，所以我们摘译了《手册》中介绍该公司下属的轮船，以及提供的西江观光路线和费用的一小段内容，作为附录置于本书的末尾。该《手册》可贵的是含插图（主要是照片）30多幅，我们选用了与轮船和西江沿岸风景相关的照片置于书前，并对原书目录作了加工，为《旅本》增添一些直观性和趣味性。

顾名思义，这本《旅本》在当年是外国人游览广州及其近郊的工具书，告诉他们看什么，怎么看。120年后，昔日的人间烟火大多风流云散，只有少数淡痕犹在。相信读者，尤其是广州的朋友，跟着作者或穿行在老广州的大街小巷，观赏三教九流、五行八作；或跋山涉水，畅游白云黄沙、花地芳村，南塘北鸭，也会跟译者一样心有戚戚焉！

原书的茶室叫茶居、玻璃手镯叫料铞，是雅致还是高深？外销的刺绣称顾绣，怎么不是粤绣？丝偈、斤法、踢燕是什么玩意儿？外国人感兴趣的东西（见书末的"游客感兴趣的事物列表"），译者也兴趣盎然。

原书中有些事物所附的中文与现在的通行说法不同，虽然本书为尽量保留原书风貌，予以沿用，但仍需指出，个别当为误植，如原书将学台衙门标为学院衙门、西樵瀑布标为曲水流觞即瀑布。其他则很有意思：海幢寺（幢，粤音：tong^4，拼音：chuáng）标为海幢寺，应该是因声造字。澜石写作嘴石，也该是同音相通。车歪炮台标为车尾炮台，则不知是音转还是另有说法。现

　　在一般认为广州的波楼是信号塔，因其所挂的球在粤语中发波音而得名，而《旅本》明确指明是海关俱乐部。还有的是中文不奇怪，英译有意思。广雅书局在外国人看来是两广总督的文学俱乐部，Viceroy's Literary Club，庭院优雅，风景宜人，是休闲的好去处。

　　总之，有趣。为此，在翻译过程中，我们尽量保留原文原意，从简注释，不强作解人。互联网时代，很多事物都可容易地查到，有兴趣的读者可以进一步考索。当然，我们的译文或解释可能有错，欢迎大家指正。

李国庆

2022年中秋之夜记于哥伦布市小叶巷

目 录

基本信息/住行、通信攻略

交通运输 —— 除周日外，省港澳轮船公司每天有三班航船往返于香港和广州之间。此外，还有两三家轮船公司也提供每日往返香港和广州两地的航船服务。

周一至周六，省港澳轮船公司和轮船招商局①轮流提供一班航船往返于广州和澳门之间，确保每日都有航船往返两地。

省港澳轮船公司每周有四班航船往返于广州和包括梧州在内的西江沿岸城市。

轮船招商局、太古轮船公司、怡和轮船公司和汉堡-美洲航运公司在广州与上海等其他北方港口城市间都开通了固定航线，提供航船服务。

---

① 由李鸿章等人在上海成立的轮船招商局，简称招商局，是晚清洋务运动时期以官督商办模式创办的中国近代史上第一家轮船运输企业。——译者注

海关 —— 它们都归大清皇家海关管辖。入境人士的个人行李免税，出口商品则有5%的关税。

酒店 —— 位于沙面英租界内的维多利亚酒店①是广州唯一的酒店。店内提供租轿和导游，以及前往中国内陆地区的旅游服务。

货币 —— 墨西哥银元②和当地银元都是通用货币，香港和当地银行发行的银票也可以流通。当地交易以"两"来计算，这里的两是一个重量单位，而并非一种硬币。一两等于十钱，一钱等于十分，一分等于十厘。一两银子约等于1.39银元。海关两③是中国海关指定的货币单位，一海关两约等于1.58银元。

电报 —— 中国电报总局下辖的沙面电报局可以接收来自世界各地的电报。

邮政局 —— 广州共有英、中、法、德四家邮政局。大清邮政局设在新基渡头街的粤海关衙署内，其余三家邮政局都在沙面。每0.5盎司的邮费分别为：

---

① 今胜利宾馆。——译者注
② 又称鹰洋。——译者注
③ 又称关平银。——译者注

英国邮政局	香港和澳门	2分
	英国和英属殖民地地区（澳大利亚除外）	4分
	澳大利亚和其他万国邮政联盟所属国	10分
大清邮政局	广州地区	1/2分
	中国其他地区	1分
	香港、澳门、胶州、亚瑟港①和广州湾②	4分
	万国邮政联盟所属国	10分
法国邮政局	香港和澳门	2分
	中南半岛③和中国境内的法国邮政局	6分
	法国和万国邮政联盟所属国	10分

---

① 亚瑟港，即旅顺港，是清朝为北洋水师兴建的一座不冻港。因其地势险要而成为近代以来的军事要港。——译者注

② 广州湾，旧地名，今湛江，近代法国在华租借地（1899—1945）。——译者注

③ 中南半岛，指的是亚洲东南部东临南海，西濒印度洋的半岛，包括今天的缅甸、泰国、老挝、柬埔寨、越南、马来西亚西部等地。——译者注

德国邮政局　胶州和中国境内的德国邮政局 5分
　　　　　　香港、德国和万国邮政联盟
　　　　　　所属国　　　　　　　　　　10分

领事署 —— 广州有英国、荷兰、法国、德国、葡萄牙、瑞典、挪威和美国八国领事署。

除了英国领事业务外，英国总领事署还负责奥地利和匈牙利的领事业务。同样，美国总领事署除美国外也负责古巴的领事业务。比利时和意大利领事署都设在香港。

通行证 —— 前往通商口岸无需通行证。前往距离通商口岸100里（即35英里）之外，或行程超过5天的内陆则需携带通行证。游客须到其所属国的领事署办理通行证。

俱乐部 —— 沙面广州俱乐部、河南粤海关俱乐部、共济会①会所、华南之星俱乐部、草地网球和划船俱乐部。

教堂 —— 英租界的基督堂（又称英格兰教堂）、法租界的露德圣母堂。新城的罗马天主教石室

---

① 共济会又称美生会，1717年在英国成立第一个总会所，后来发展为一个世界组织，供权贵交流，带有兄弟会色彩。1767年在广州开设了分会，参与者主要以外籍人士为主。——译者注

圣心大教堂以及许多传教团体的教堂也提供中文宗教服务。

银行 ——

东方汇理银行	法租界
香港上海汇丰银行	由迪肯洋行[①]代理
中国通商银行	太平街
中国银行	由新旗昌洋行[②]代理

---

　　① 迪肯洋行（Deacon & Co.）是19世纪末20世纪初一个重要的茶业贸易公司。总部设于广州，在澳门设有分公司。——译者注
　　② 新旗昌洋行（Shewan, Tomes & Co.）是19世纪末20世纪初香港和广州的主要贸易公司之一。——译者注

地理及历史/南越古国与贸易之都

地理 ——广州城位于东经113° 17'，北纬23° 7' 的珠江边，距离香港90英里，人口超过200万。它是两广总督的驻所，也是广东、广西两省最高军政衙门的所在地。广州府的治所也在此地。因为地跨两县①，所以这两个县的大小衙门也在广州。

广州城沿着珠江北岸延伸约4英里长，从五层楼②到珠江约2英里宽。珠江南岸则是郊区河南。

广州的城墙周长近6英里，一道东西向的横墙把广州分为南北两个大小不均的区域，分别为新城和老城。城墙的平均高度为25英尺，宽度15至25英尺不等。墙的外壁是砖石，中间用泥土填充。老城城墙始建于11世纪，历经多个朝代，直到1380年才建成今

---

① 广州城分为老城、新城、东关、南关、西关和河南六个区，由南海、番禺两县辖治，城区以老城的双门底与新城的小市街为界，东属番禺县、西属南海县管辖。——译者注

② 又称镇海楼。——译者注

天的样子。新城的城墙完工于1568年。广州城墙一共有16座城门，其中4座连通新老二城。西面有2座，南面有6座，东面有2座，北面有3座①。南面6座城门中的3座比较窄小，分布于南城的2座水门旁。很多百姓居住在广州城墙之外，分布于广州城外的东、西和南部，还有不少人在江上船居。

公元前110年之前，广州曾是南越古国②的首都。南越疆域包括广东、广西的一部分地区和东京③。广州当时就是有名的贸易之都，很早就和西方有贸易往来。据当地方志记载，汉桓帝（147—168）统治期间就有印度和罗马商人"从南海前来进贡，此后广州和外国开展了常规贸易"。700年，广州开设了一个贸易市场，由"户部"（Hoppo），即海关监督管理④。阿拉伯商人从8世纪开始开始出现在广州。据说伊斯兰教就是由穆罕默德的舅父赛义德·艾比·宛葛素传到中国的。根据中国资料记载，

---

① 这里为原书记录或者排版错误。北面实有2座城门，分别为大北门和小北门。——译者注

② 即南越国（公元前204—公元前111），也称南粤国，是秦末至西汉时期位于岭南地区的一个独立国家。历经5任国王，享国93年。——译者注

③ 古地名，位于今越南北部。——译者注

④ 原文所指应为"市舶使"，但其描述与史实有出入。——编者注。

8世纪到广州的外国商船载重已经达到了250吨。到了9世纪，中国的对外贸易被限制在广州一地进行。又100年之后，由于沿海地区海盗猖獗，市舶司官员奉命严密监察打着朝贡旗号的外国商人。

13世纪末，鄂多立克①借道广州进入中国，走访在华的天主教教会。1517年，葡萄牙航海家安德拉德②抵达广州。1637年，一支英国船队驶进珠江。英国东印度公司从1684年在广州立脚，垄断对华贸易直到1834年。

鞑靼人（即清朝）大约于1650年攻占广州城，破坏了差不多整个广州城，屠杀了成千上万的居民。1841年英国兵临城下，拿了600万银元赎城费才退走。1857年12月29日，英法联军攻陷广州，并成立一个由3名官员③组成的委员会，管理广州事务约4年，在广州将军衙署办公。

广州城及其近郊有125多座寺庙。每条街道都有

① 鄂多立克（Friar Odoric, 1286—1331），罗马天主教圣方济各会传教士，是继马可·波罗之后到中国的著名旅行家。——译者注

② 费尔南·佩雷兹·德·安德拉德（Fernão Pires de Andrade, ？—1552），葡萄牙商人及官员。——译者注

③ 分别为英国驻广州领事巴夏礼（Sir Harry Smith Parkes, 1828—1885）、英国将军查尔斯·斯特劳本齐（General, Sir Charles van Straubenzee, 1812—1892）和法国军官马殿那（Henri Martineau des Chesnez, 1816—1904）。——译者注

一座福德祠①，每家店铺门外都设一座聚宝堂，天天上香。一些高档店铺的外间正对大门的显眼位置供着镀金神像，神像周围装饰着闪亮的锡箔饰品。

乘船来广州的旅客从船上远眺，可以看见在鳞次栉比的房屋间耸起的五层楼、两座宝塔、几间当铺、石室圣心大教堂，以及主城门上的城门楼。逐渐驶近码头的轮船甲板则是观赏各式船艇的绝佳位置，它们或是停锚江中，或是穿梭来往于城前的江面。小一些的船大多是疍民的居家船，大一些的不少是定期来往于各地城镇的客船。蒸汽轮船停泊处聚集着一排排供租赁的游艇和花船。

下面的段落选自一封信件②，这位游客在信里详细描述了初来广州的印象。

"这座广阔的城市街道纵横交错，房屋商店鳞次栉比。初次来到这里的人很容易迷路。街道是如此的狭窄，让人仿佛长时间地穿行在一个庞大的迷宫中。街道上可以看到商贩沿街售卖琳琅满目的商品，也能看到工匠和手艺人如何工作。许多街道上方有着长长的拱廊，光线昏暗。柔和的阳光洒在写着古朴中国字

① 又称土地庙。——译者注

② 信件原文摘自Damon, Frank Williams: "A Glance at China and the Chinese." The Friend, 1ˢᵗ January, 1882, p.11。——译者注

的镀金大红招牌上，照着各种待售的商品，还有长相和服饰各异的买卖双方。这一切形成了一副奇异但令人赏心悦目的画面。在长达几个小时的时间里，我穿梭于这座城市之中，时而驻足商店，又或参观寺庙，再或查勘公共建筑。商店里出售最华丽的丝绸、绉纱、绣品、花瓶、各种彰显中国艺术的精巧物件、扇子、木雕盒子、仿真花，不胜枚举。在家具店可以观赏工人制造精美的椅子，或是用名贵木材和纹理精美的大理石来打造坐榻或卧榻。有时在街上你碰到婚丧嫁娶的队伍，或是闻到附近的寺庙或者祠堂里香烛的味道。一切都展现在路人的眼前，你仿佛看到了千家万户多姿多彩的生活。还有叫卖的吆喝声、嬉笑和怒斥声！多么奇特的一座嘈杂喧哗之城啊！"

沙面/欧洲人的聚居地

　　这是欧洲人聚居地，正好位于澳门航道①边，是近海商船和炮舰的锚地。这座小岛长2850英尺、宽950英尺，和广州西关隔着一条100英尺宽的水道②。

　　沙面通过两座桥和广州城相连。其地以前是两座炮台，四周都是滩涂，退潮时裸露而出，上面布满了东倒西歪的小艇和建在木桩上的棚屋。1859至1862年间，清政府花了32.5万银元围筑了花岗石堤，填上沙土。1883年9月10日，一伙暴徒冲入沙面焚烧了9栋洋房（包括康特迪亚堂③）和5间平房。沙面岛的西部，即全岛4/5的地方是英租界，东部是法租界。

---

　　① 澳门航道（Macao Passage）指的是当时广州城西南的珠江后航道，即当时广州至澳门之间的内河水道中的一段。澳门航道得名取其通往澳门之意。——译者注

　　② 即今天的沙基涌。——译者注

　　③ 亦称协和堂，英文名Concordian Hall。1888年在原地建起沙面酒店，后改名维多利亚酒店，即现在的胜利酒店。确切地说，原址是今沙面北街胜利宾馆主楼。——译者注

英法租界有各自的工部局和巡捕房，按各自的规章管理。维多利亚酒店旁就是英租界的巡捕房，再旁边是俯瞰西桥的广州药房①。然后是剧院，冬季这里会举办音乐会、舞会和戏剧演出。沙面最西边是葡萄牙领事署和沙面划船俱乐部的船库。沙面中央大街②上有共济会堂（105号）、广州俱乐部和图书馆（112号）、美华浸会书局和图书馆（144号），以及法租界的露德圣母堂，露德圣母堂对面是电报局。沙面堤岸上种满榕树，洒落片片树荫，还有许多椅子供人观赏当地人奇特而有趣的水上生活。沿着堤岸步行，可以看到刚刚由法属印度支那政府修建的邮政局，邮政局旁是法式花园，园内有一个演奏台。花园北边是东方汇理银行和法国领事署。英租界内有一个网球场，球场后面是瑞典-挪威领事署和美国领事署，再往前走就是英国领事署和英国花园。英国邮政局就在英国领事署里。面朝沙面堤岸的其他建筑有汇丰银行、德国领事署和德国邮政局（正在修建中）、沙面基督堂③以及荷兰领事署。

---

① 英文名是the Canton Dispensary of A. S. Watson and Company, Limited，屈臣氏药房的前身。——译者注

② 即现在的沙面大街。——译者注

③ 又称沙面堂，建于1864年，是英国圣公会在沙面英租界设立的一座专供外侨礼拜的教堂。——译者注

西关/十八甫、下九甫的生意

西关聚集了广州大部分的商业、财富和制造业，除此之外还有一批精致的街道、宏伟的寺庙以及高级的私宅。广州的丝织业都集中在西关。远郊正在新建多个住宅区。

新基渡头

从沙面东端起始的新基渡头街上有省港澳轮船公司的码头，和往来于佛山与其他腹地市镇的渡轮停泊处，以及粤海关衙署。海关衙署里面设有大清邮政局。

沙基大街

沙面渠北的沙基大街上满是中国店铺，有杂货店还有瓷器店。这条街上还有轮船招商局和开平矿务局的办公处，两个巡警局，一个消防局和众多豆米货栈。

西兴街

在沙基大街后面并与之平行。这里有做外国人生意的店铺，出售多种多样的漆器、丝绸、绣品、银器和象牙制品。街上还有古玩和字画店、一家印刷作坊、一家肖像画铺和一家照相馆。

杉木栏

位于杉木栏街的各式商店出售丝绸和麻织物、成衣、茶叶和烟草。街上还有几家面粉厂，其中两家（分别叫合成面铺和盈丰）使用蒸汽动力磨面，其余则是利用蒙住眼睛的牛转圈拉磨。

昭崇街

街上的玉虚宫又称北帝庙，庙里供奉着真武大帝神像。真武大帝是中国早期神话中的主要神灵之一，受到很多寺庙的供奉。这座玉虚宫位于富人区。每年农历三月初三真武大帝的诞辰，成千上万的人会来参加庆典，组成的游行队伍让该城区的主要街道人满为患。庙门前的方形广场是戏曲表演的首选之地，每逢庆典这里总是挤得水泄不通。庙里面有个水池，养着几只大龟。

麦栏街

麦栏街有数家店铺专售咸鸭蛋，一种大受欢迎的食物。这种蛋的腌制方法是把它放在盐、草木灰和石灰里密封40天，有时也掺加泥巴和香料水。

白米街

白米街有著名的宝兴商行，专供行销于欧洲市场的精美瓷器。

长乐街

长乐街上的商铺主要制作并出售祭祀物品，例如纸衣、纸钱、蜡烛、纸鞋、鞭炮，还有丧礼用的旗幡等物品。

十三行街

经过数家茶叶店、大饭馆、水果摊和烟草店，就到了十三行街北端的老洋行会馆，它现在成了巡警局。老洋行会馆从前是垄断了外贸生意的当地商人的集会场所，英国东印度公司的负责人曾在这里和中国官员代表会面洽谈业务。1839年以前，所有对外贸易以及和外国政府相关的事务都要在老洋行会馆中磋

商。第二次鸦片战争（1856—1858）[1]前，任何级别的外籍官员和个人都是不能进入广州城的。这条街上还有几家庭园式的高级茶居。

靖远街

这条街上有几家店铺出售金丝雀和云雀之类的鸣禽。它通往老商馆旧址，该旧址是诸多抗拒清朝闭关锁国、争取自由贸易的历史事件的场所。

回澜桥

桃李园饭庄是一家人气旺盛的食肆。他家的菜单上共有146种菜品，价格从6分到9钱不等。客人可以进入厨房近距离观赏中国烹饪艺术。宴会包间也十分别致。

新豆栏

名为"五常"的商铺出售向欧洲出口的各种精美彩绘瓷器和乌木家具。店堂里的神龛金碧辉煌，精巧华美。

①指第二次鸦片战争第一阶段。——编者注

登龙街

这里有出售西式灯具和枝形吊灯的商铺，出售白铜材质的香案、烛台和茶壶的商铺，还有出售上供用的贴金龙香①和嫁娶仪式用金花饰品的店铺，以及几家本地的钱庄。

浆栏街

这里的商铺出售从婆罗洲、爪哇和苏门答腊进口的燕窝，还有大型的药材店，你可以见到各式中药和中医师。

街上的宁波会馆是宁波籍商人聚会筵宴、看戏听曲和举行祭仪庆典等活动的场所。

十七甫

此地有一所施医赠药的爱育善堂，由当地绅商于1871年以6万银元买下了潘家②大宅为基础建立的。善堂拥有多处地产，租金收入用来维持日常开销。善

---

① 龙香是酬神拜佛用的一种香火，大小从几十厘米到几米不等，盛行于华南和东南亚一带。——译者注

② 指潘仕成家。潘仕成（1804—1873），字德畲、德舆，祖籍福建，是晚清官商巨富、慈善家。潘氏家族世居广州从事盐商生意。——译者注

堂是西风东渐和教会医院影响的产物。善堂每天开放门诊，雇了3名医师免费看病给药，但不提供住院服务。善堂还赈济贫病鳏寡，施棺执殓，并兴办了几所义学。这条街上最近还新开张了一家设备先进、布置豪华的牙科诊所。

这条街上也有中药铺和扇铺。扇子的品类众多，从昂贵的檀香扇和象牙扇，到廉价的葵扇，应有尽有。还有一些古玩店，其中四五家是点翠店。点翠就是把翠鸟羽毛镶嵌在做好的金银饰品上，如发簪之类。

怀远驿

这条街上有通草画店。通草画用的纸在西方被翻译为"米纸"，但却不是米做的①，通草纸的制纸材料来自于云南和台湾沼泽地里长的一种常春藤属植物。

十八甫

这条街曾经是广州富豪云集之地，浩官②家族现

---

① 通草，又称通脱木，其茎中的衬皮被用来制作"米纸"。通草画就是绘在这种纸上的水彩画，兴起于18世纪的广州，主要销往西方。通草画反映广州的风情，结合了西方绘画技术，颜色艳丽，深受西方人的喜爱。因为纸张难以保存，所以鲜有通草画传世。——译者注

② 浩官是清朝广州十三行怡和行行主的一个商名，其中最有名的就是第三任行主伍秉鉴，曾是世界闻名的富商。——译者注

今还居住在老宅的部分区域。每年农历岁末，这里都会大开集市，出售各种古玩、青铜器、字画和其他物品。这里有采用中文活字印刷的书坊和采用西式机器的印刷公司。《岭海报》和《羊城报》报馆都在十八甫。这条街上还有出售各种精美的装饰物品、中文书籍和中式文具的铺子。

下九甫

这里有徽州会馆，亦称茶商会馆，其瓶型和花朵型的门窗纹样十分精美。会馆里也能见到青花瓷上柳树纹样①中的景像，还有一个供奉朱夫子②的神坛。这条街上有一家出租婚礼花轿和迎亲队伍所需的各种婚礼用品的店铺，还有出售绸缎和绣品的店铺。

西来初地

此地有作坊生产各种镶嵌螺钿和大理石的高级硬木家具。

华林寺，亦称花林寺或五百罗汉堂，初建于503

---

① 柳树纹样（Willow Pattern）纹饰包括亭台楼阁、花园篱笆、早春杨柳、小桥流水、江中扁舟、孤岛茅庵、空中飞鸟等元素。——译者注

② 即朱熹（1130—1200），南宋理学家，尊称为朱子，祖籍徽州。朱子理学在徽州特别兴盛，是徽州文化的重要组成部分。——译者注

年，重建于1855年，是广州香火最旺的寺庙之一。每逢节日庆典，许多富人都会在此挥金如土，祈愿求福。庙内的第一座殿中供着3尊佛像。第二座殿中有一座乾隆皇帝敕建的七层大理石宝塔。宝塔后面是一块空地，左边一扇门通往一个四方庭院，庭院北侧就是五百罗汉堂。堂内有几条平行的走道，500座端坐高台的鎏金罗汉像就分列在走道两侧。罗汉的姿势、表情、神态各异，需要好几个小时才能细细观赏。中央走道有一座精致的铜塔，内有铜像。走道北端有一尊身披龙袍的乾隆皇帝塑像，乾隆皇帝在位60年（1736—1796）。大殿西厢有斋堂和客房各一间，两侧还有寮房，供该寺六七十位僧人居住。

华林寺旁有一座藻圣大王庙。主殿内供着药神藻圣大王，一个瓷瓶装着向病人出售的圣水。次殿内供着60尊神像，分别主管一甲子中的一年。

新胜街

这条街上有售卖新旧顾绣①的店铺，其中生泰绣坊在欧洲最为有名。

---

① 据原书所附中文，作者以"顾绣"指代绣品。顾绣乃发源于明代松江府顾氏家族的一种绣品。——译者注

景云里

这条街上有出售绘有精美纹样的漆器的店铺。

长寿里

长寿里有几家出售玛瑙等贵重宝石的商铺，其他商铺则出售女士礼服的丝绸镶边。

这条街通往创建于1573年的长寿寺[1]，该寺占地面积宽广。第一座大殿里供有3尊佛像。第二座大殿供一座有79尊佛像的七层金塔。第三座大殿供有一座神态欢愉的卧佛。上述三座大殿中的两座于1880年被焚毁。寺后的修竹园是游客流连忘返之地。入口一侧另一个庭园里有几口大缸养着金鱼。长寿寺前的广场每天都有早市，交易玉石首饰等物件。

长兴街

长兴街上有很多玉器匠，在这里可以看到如何制作料鈪[2]。

---

[1] 长寿寺曾经与华林寺、光孝寺、大佛寺和海幢寺合称广州佛教五大丛林，如今该寺已经不复存在。——译者注

[2] 料鈪，一种镯子。——译者注

外国人参观寺庙

荔枝湾

此地有陈氏书院，亦称陈家祠堂，是广州最精美的一座宗祠，其精美的雕刻和华丽的装饰在华南首屈一指。书院建立于1890年，花费了十余万两银子。它是个三进式殿庭，院内供奉着陈氏祖先的牌位，亦称神主牌。

源头

位于五层楼以西、西关以北的广东大学堂建于1887—1888年，旨在培育国学人才。

从南门楼进入学堂是一条中央大道，入口两侧的墙上嵌着刻有圣谕十六条的大石碑。

中央大道上有考试大厅、接待大厅和一个两层楼的图书馆，左右两侧有学堂官员的住所和5排学生宿舍（左右各100间）。学堂东边是总督的休息区和接待厅，西边是学堂总理（即校长）的居所。

学堂的建筑简朴而坚固，设备完善，布置得当，院落优雅。整个学堂有高墙和深濠环绕。

就读的学生必须是高级学者或有第一级学位者即秀才。学生每月发4到6两银子的补贴。学堂当年在广东和广西各招了100名学生。

黄沙

黄沙有座郑氏家祠，名气不及前面提到的陈氏家祠。

获得修筑粤汉铁路特许权的华美合兴公司①将在离郑氏家祠不远的地方修建车站，现在那里是该公司的办公楼和仓库。粤汉铁路将穿过广东和湖南省的腹地，全长750英里，跨越海拔1200英尺的梅岭，最终到达与汉口一江之隔的武昌。

粤汉铁路支线②的佛山站设在石围塘，与黄沙隔江相望。这一段铁路原本设计为12英里长，现在延长到西江上的三水。

多宝大街

位于多宝大街的柔济医院由美国长老会的富马利③医生创办于1901年，可收治约一百名病人。

---

① 华美合兴公司于1895年成立于美国新泽西州，股东多为美国政商两届的重要人物。该公司主要经营对华铁路投资，还投资轮船、电讯和矿冶等产业。——译者注

② 此段铁路指的是广三铁路，起自石围塘，向西至佛山三水，是广东最早建成的一条铁路，由华美合兴公司承建。——译者注

③ 富马利（Mary Hannah Fulton, 1854—1927），美国长老会女医疗传教士，长期在广州行医、传教。富马利和助手于1899年创办了中国第一间女医校——广东女医学堂，后更名为柔济医院。——译者注

逢源南

此处有育才书社，亦称西关学馆，是香港埃利·嘉道理爵士①捐资创建的学校之一，由育才书社协会统一管理。学校聘请欧洲教师用英语教授中国男童西学知识。

畴春洞、第七甫大巷、高基大街、高兴里

机房②是广州最重要的手工业之一，有数千名从业人员。在上述和其他很多街道上都可以看到工人如何用原始的手工织机编织闻名遐迩的精美缎纱花绫。

第七甫

广州主要的中文日报——《安雅日报》③的报馆就设在第七甫。

---

① 育才书社的英文名Ellis Kadoorie School For Boys，简称Kadoorie School。埃利·嘉道理爵士（Sir Elly Kadoorie, 1867—1944），香港著名慈善家，香港中华电力有限公司的创办人。他曾牵头在香港、广州等地筹建多所以"育才书社"为名的学校，但广州的两所育才书社实际上主要由本地士绅集资而成。——译者注

② 原书所附中文如此，指丝绸和锦缎纺织。——编者注

③ 即《安雅报》（*On Nga Yat Po*），广州安雅书局附办的日报，1900年创刊于广州，1918年停刊。——译者注

太平街

这是一条富商云集的街道，交易贵重物品如丝绸、薄荷油、玉石等。此地还有几家大型本土银行，包括中国通商银行分行。从太平街分出一条短路，过一座桥，连通太平门。太平门是进入新城的主要城门之一。

新城/状元坊、玉子坊的逛行

太平门内左侧濠畔街上有店铺制作、出售纽扣和螺钿饰品。

状元坊

状元坊有几家顾绣铺，出售各式各样的绣品。街上还有些店铺出售金箔制品、铜纽扣和檀香木。

天平街

这条街上的店铺制作铜器、云石①和葵扇。

大新街

这条街上的商铺制作、陈列和销售的商品琳琅满目，美不胜收，非常值得一逛。在街道东头的店铺你

---

① 云石，广东四大名石之一，产于广东云浮而得名，多用于制作石屏等家具。——编者注

可以看到最精致的玉器，玉是中国人情有独钟的石头。那里最近还出现了一个玉石集市，每天定期开始交易。有几家商铺出售象牙制品。

大新街还有商铺出售各种珐琅器和点翠银铜器。也有商铺出售各式扇子、仿真花、牛角灯笼、铜器、古玩和日本瓷器。街北的大新古庙是广州最富丽堂皇的寺庙之一。

濠畔街

濠畔街西端有一座清真寺。街上除山陕和湖南两座会馆外，还有店铺出售蛇皮做的乐器、算盘、各种皮草、地毯、字画以及昂贵而装饰华美的硬木家具。

华德里

华德里有皮革店铺，紧邻的街上有制革厂，游客可以参观中式制革过程。

小新街

这条街上的商铺大多制作小神龛、画框、螺钿托盘和花瓶底座。

元锡巷、三府前

位于这两条街和毗邻街道的众多店铺打磨抛光玉石和各种饰品。

玉子巷

玉子巷是象牙、玳瑁和骨头制品的产销作坊集中地点。最让人惊叹的是雕刻精美的牙雕套球，一个大球里套有三四个或十几个小球。这种牙雕球是从实心的象牙上切下一段，纯手工雕刻，制作过程十分冗长，至少需要三四个月的时间。（卫三畏[①]的《中国总论》一书第二卷第59页对牙雕套球的制作过程有详细的描述，此不赘述）

卖麻街

位于卖麻街的天主堂[②]建在两广总督叶名琛衙门的旧址之上。天主堂总占地面积长875英尺、宽500

[①] 卫三畏（Samuel Wells Williams, 1812—1884），传教士、汉学家、语言学家。他是最早来华的美国传教士之一，也是美国第一位汉学教授。他致力于研究中国文化，代表作有《中国总论》（*The Middle Kingdom*），这本全面介绍中国历史和时况的著作，是19世纪美国汉学的代表作。——译者注

[②] 即今广州石室圣心大教堂。——译者注

英尺，始建于1860年，教堂尖塔则在1880年才完工。教堂建筑长236英尺、宽88英尺，耳堂宽98英尺，教堂内中部穹顶高75英尺，尖塔塔尖离地面有150英尺，墙壁都是用花岗岩砌成的。天主堂由主教明稽章①督建。教堂后有间男子教会学校②，大约有100名学生。

天主育婴堂建于1862年，聘请中国籍护士照顾堂中孤儿。

白米巷

白米巷有一座叫姑娘堂的法国修道院，旁边是修道院附属的女学堂。

一德社

位于一德社的天后宫是一座保存完好的妈祖庙。粤海关监督每逢初一和十五都会来祭拜。庙里茶室的陈设和富人家里的一样华丽。

---

① 明稽章（Bishop Philippe François Zéphirin Guilemin, 1814—1886），罗马教廷派驻广州的第一任主教，是鸦片战争后最早来到广州的法籍传教士。——译者注

② 即广州圣心书院（今广州市第三中学）。——译者注

小市大街

这条大街有出售马鞍、鹅毛扇的店铺和制作银器与珠宝的作坊。

关部前

这是粤海关部①的所在地。粤海关监督是清朝的高级官员之一，主掌中外贸易事务，总是由满人担任。

高第街

高第街有各种商铺，出售顾绣等商品。卫斯理②礼拜堂在街上占据了一个好位置，附设男女日校。

东横街

每逢皇帝生日、大婚及农历新年，文武官员都会在东横街的万寿宫举行朝贺大典。天亮之前，官员按官阶在庭院东西两侧的厅内列队（文官在东，武官在西），依次向坐北朝南的主殿内摆放的皇帝牌位行三

①即粤海关监督衙门。——译者注
②即卫斯理宗（Wesleyans），又称循道宗（Methodism），是尊奉英国18世纪神学家约翰·卫斯理（John Wesley, 1703—1791）宗教思想的教会团体的统称，亦是基督教新教的主要宗派之一。——译者注

跪九叩大礼。

同在此地的广雅书局建在一所兵工厂的旧址上，相当于一个文学俱乐部和休闲地。书局的接待大厅十分雅致。书局内有若干房间专供文人在总督的指导下校书刻书。他们甄择经典秘籍，详校精雕，刊成之后均赠藏于广雅书院藏书楼。

老城/观音山的美景

从新城过归德门就来到老城。城门附近有几间鸟铺，出售金丝雀、云雀等各种禽鸟。

四牌楼

这条街从归德门向北延伸，因街上有旌表名贤的四座大石牌坊而得名。四牌楼街和西城墙之间是满洲人和八旗军的驻地。这里街道宽广，房子大多由土坯垒成，街景类似北方的城镇，即八旗军南下之前定居的地方。广州将军衙署就在这一带。

大市街

大市街有座五仙观。观内第一座大殿供奉上帝①，右边的三座殿内有几尊仙人像。第一座大殿后

① 原书所附中文如此，民间俗称的玉皇大帝有个尊号叫"昊天金阙无上至尊自然妙有弥罗至真玉皇赦罪锡福大天尊玄穹高上帝"。——译者注

面有一座方形塔楼①，内有高20英尺的方形竖井，其上悬挂了一口据说重达1万磅的大钟。据说此钟一响，广州便有灾殃。1857年（英法联军）炮轰广州时，一发炮弹把大钟炸掉了一小块，钟声大作。钟楼后面就是五仙殿，殿内供奉五仙，五仙神像前有代表五羊的五块石头。相传有五位仙人骑羊降临广州，每只羊嘴里叼着一种谷穗，象征着五谷丰登。那五只羊后来化作五块石头，被保留在这座为五位仙人修建的五仙观内，广州城也因此得名"羊城"。观内还有一座阁楼，供奉玉皇大帝。阁楼上是广州观景的好去处。观内的庭院里有一眼泉，水从一块人脚形状的岩石里流出，终年不竭，中国人就认为这是神迹。

光塔街

光塔由阿拉伯商人初建于900年，重建于1469年，高约160英尺，有一座螺旋形的楼梯通向顶部的宣礼塔，不过楼梯入口现在已经被封闭了。中国回教

---

① 即有岭南第一楼之称的禁钟楼，因为平时禁止撞钟而得名。——译者注

徒认为阿拉伯将军阿比·瓦卡斯①埋在塔下，然而并没有可靠的证据证明。

怀圣寺 —— 光塔旁就是建于626年的清真寺怀圣寺。寺内可以看到用阿拉伯文镌刻的《古兰经》碑刻，还有一所学校教授男孩用阿拉伯语诵读《古兰经》。

南海学宫 —— 供奉孔子像，后院有一栋两层楼，为学子备考之处。

同文馆 —— 由广州将军筹办、粤海关监督衙门主管。其建馆初衷是为粤海关培养精通英语的人才，后来学科范围极大地扩展，目前除了英语之外，还教授法语、日语和俄语，也为满汉世家子弟开设各种门类的西学课程。

大英领事衙门

位在广州将军衙门内的北部，曾是英国领事的官邸，现在领事只用来举行官方招待会和会晤。内有高

---

① 赛义德·本·阿比·瓦卡斯（Sa'd ibn Abī Waqqās，约595—约674），也作宛葛思、斡葛思、斡歌士、旺各师、万尕斯等，是伊斯兰教的早期皈依者，也是伊斯兰教先知穆罕默德的一位很重要的圣伴。相传他于唐朝初年来华传教，去世后葬于广州城外流花桥畔，其墓称"先贤古墓"，立有墓碑。——译者注

大的老榕树，浓荫匝地，使之成为广州城中心的避暑胜地。北边花园里养着几头鹿。衙门的入口开在衙门西侧。

花塔街

这条街上有一座花塔，呈八角形，共九层，约170英尺高。花塔建于500年前后，几年前花了1万银元重修，禁止入内游览。观塔的最佳地点是八旗操场的正后方，该操场是满州士兵操练的场地。

光孝街

光孝寺建于250年，是广州最古老的寺庙之一。寺内庭院里有两座小型的花岗岩宝塔。庭院东侧一座大殿的二楼供着一尊卧佛。

清泉街

位于清泉街的檀度庵是广州最大的尼姑庵之一。庵内住着五六十位尼姑和几个尚未受戒的年轻修行人。尼姑都受戒剃发，跟和尚穿一样的灰色长袍，一眼看去很难区分两者。尼姑都是天足，因为缠足有违教义。与中国大多数女性不同，尼姑要能读会写，并学习经典。

观音山

观音山上有几座寺庙，被认为是广州的圣地，广州城墙环绕山北而建。1858至1862年间，英法联军的大本营就设在这里。观音山的寺庙、五层楼，还有一些其他建筑都被征做军官和士兵的营房。

学海堂 —— 这是一座鼓励学生学习的书院。由两广总督任命的3位学者，每年4次在此举行命题考试，参评文章最佳者会收到1至3两银子的奖励。

三元宫 —— 建于4世纪的三元宫坐落在观音山的一侧，由一阶石梯相通。约翰·亨利·格雷①评价说这是广州最美的寺庙。观内有60多位道士。观内的最高层平台是俯瞰广州城的绝佳之地。

观音庙 —— 建于1403年，所处位置很高，要走过一段长长的石阶才能到达。庙前有一头石象，主殿有一尊镀金观音，盘坐于莲花座之上。观音庙香火旺盛，政府官员也会来此举行正式的祭礼。

---

① 约翰·亨利·格雷（John Henry Gray, 1823—1890）于1868年来华，任香港首任会吏长，直至1890年去世。他的 *Walks in the City of Canton* 已有中译本，名为《广州七天》，2019年由广东人民出版社出版。——译者注

五层楼 —— 这并不是一座宝塔[1]，而是一座城墙上的城楼。该楼东、西、北三面都是又厚又坚固的墙面，南面则由柱子支撑楼层和楼顶。五层楼于1366至1399年间建成。站在楼的上面几层可以俯瞰广州全景，蜿蜒的珠江和周边的田园都一览无余。顺江而下，黄埔方向的两座九层塔，东边的白云山，西南方向30英里之外的西樵山，也都尽收眼底。向北望则是一片平原，点缀着一些村庄。城墙旁的山丘上遍布坟墓。

在当地人看来，广州城像一艘大船：五层楼是扬帆的后桅，捕捉着风力；九层花塔好似没有挂帆的前桅。这象征着城市发展、商业繁荣的吉兆。

五层楼下的洼地是中国政府的一所火药局。

沿着这座仍然被一些威力可疑的古炮护卫着的城墙，步行几分钟就到了大北门，进门便是北关。

---

① 原书将五层楼翻译为Five-Story Pagoda，pagoda指的是塔，所以作者在这里解释是楼而非塔。——译者注

北关/城隍庙、药王庙的香火

棺材庄 —— 这里存放着等待埋葬或需要搬迁的棺材。无论埋葬还是搬迁，都需要在风水师指定的吉时进行。馆材下葬需要找到一个风水好的地方，保佑后代。棺材庄有100多间存放棺材的房间。棺材进门需要交纳10到25银元不等的费用，然后按月付租。死者的亲人在特定的时间来此举行必要的仪式，在棺材前摆放茶水和其他祭品，希望让死者能够体面而顺利地往生。祭品丰富多样，有酒、仿真花、水果、纸钱、烟斗、纸人和轿子等。丧葬品制造业在当地十分发达。

清真寺 —— 离棺材庄半英里之外有一座清真寺和墓地。其中一座古墓的墓碑说墓中是宛葛素①，伊斯兰教创始人穆罕默德的舅父。据说他于629年在广州去世。

---

① 即前文第34页"光塔街"条中的赛义德·本·阿比·瓦卡斯。——译者注

老城

由大北门又重回老城。

总督衙门

总督是广州官阶最高的官员，管辖广西和广东两省。总督由皇帝任命，任期为三年。

惠爱街

东西走向的惠爱街连接着广州两座主要城门。广州将军衙门和其他一些高级官员的衙署都设在这条街上。

将军衙门 —— 广州城内大型官署之一。广州将军是当地官阶最高的武官。衙门口有两只石狮。将军衙门建于康熙年间（1662—1723）。第一任广州将军由康熙帝的额驸担任，其主要任务是加强对南方的控制，平息南方省份的动乱。

抚台衙门 —— 巡抚[①]的地位仅次于两广总督，是广东省的主官，任期为三年。

广州府 —— 又称知府衙门。主官称知府[②]，管辖

---

① 清代官名，从二品。总督虽然官阶高于巡抚，但是二者的职权有所交叉，甚至督抚同城，达到互相牵制的目的。——译者注

② 清代官名，从四品。——译者注

14个县①。知府衙门两侧是审判犯人的审案堂。

布政司——占地宽敞，是广州城内大型官署之一，西侧有一座花园。

大法领事衙门——该地原为布政司东侧的一座公园，现在是一座红砖西式建筑，用作法文学堂的校舍。这座天主教学校由圣母小昆仲会②管辖，招收中国男童，采用法语教学。

城隍庙③——城隍爷是广州城的守护神。城隍庙香火旺盛，人潮汹涌，因此商贩云集，包括算命先生、小贩、赌摊主、牙医、江湖郎中、糕点师等。城隍庙因向这些商贩出租摊位而财源滚滚，只需向广州府及其下属部门每三年交纳3800银元的费用。来庙里求神问卦的民众络绎不绝，出售香烛和签纸也给城隍庙带来了可观的收入。众多的供桌也吸引人们奉献捐款。每逢农历新年，此庙人满为患。广州知府和其

---

① 分别是南海县、番禺县、顺德县、花县、东莞县、从化县、龙门县、新宁县、增城县、香山县、新会县、三水县、清远县、新安县，范围包括今珠江三角洲大部分地区。——译者注

② 圣母小昆仲会（Marist Brothers）于1817年创立于法国里昂，是一个以教育青少年为目标的天主教修会。在世界各地设立学校，传播天主教义。——译者注

③ 原书中将"城隍庙"译为Temple of Horrors，推测因庙中十王殿内有描绘地狱的场景，故书作者将佛教地狱图（第42页）等西方人看来恐怖的元素相结合而得名。

炎蓊餚取凡
山發合棺陽
地入打內世
獄火胎衣盜

之誘搶
報騙奪
斬
手

為凡
藥取
如死
此屍
報骨
應殖

刮剝小利

明賭分財

佛教中的地狱

他地方官员每年也都会在这里举办数次祭祀活动。庙内的十王殿两厢陈列着佛教①地狱的各种惩罚手段：

西厢

1. 轮回转生

2. 碓磨之刑

3. 油锅煎炸

4. 炮烙之刑

5. 斩着之刑

东厢

1. 罪犯判决

2. 刀锯之刑

3. 转世投胎

4. 棒打之刑

5. 审判罪犯

药王庙 —— 每逢药王诞辰，信徒们就会带着扇子来用力给药王像扇风，然后把扇子带回家给发烧的病人扇风退烧。

番禺衙门（参见第44页图）—— 和审案堂及监房相连。

贡院 —— 全省的秀才都应参加三年一次在贡院举行的第二级考试，即乡试。贡院分成两个区域，分别供考生和考官使用。中央大道两旁是一间间号舍，考生在里面作文考试。号舍长5.5英尺、宽 $3\frac{2}{3}$ 英尺，共有11616间。阅卷官、抄写员、监考官及服务人员的屋子在后面，大约有3000间。乡试在农历八

---

① 原文疑有误，广州城隍庙为道教庙宇。——译者注

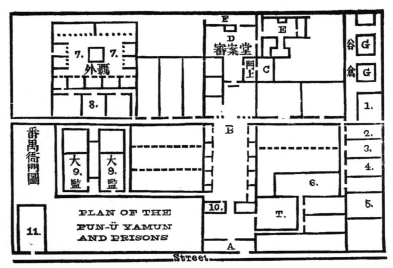

番禺衙门图

A. 入口

B. 庭院和一道门，两边是书吏和长随的公事房

C. 主幕宾室。所有判决都需要通过主幕宾的批准。

D. 知县审案堂

E. 县丞审案堂

F. 知县的私人区域

G. 谷仓

1—6. 审判前关押犯人的监房

7. 外羁（用于关押罪行较轻的犯人）

8. 女监

9. 大监（用于关押重犯）

10. 关押头戴枷锁的犯人

11. 特权牢房（来自中上层阶级的犯人可以付费享受条件更好的牢房）

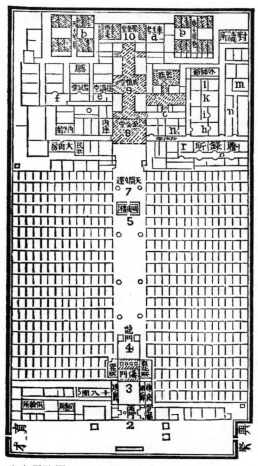

广东贡院图

1. 外门[1]
2. 头门
3. 至公门
4. 龙门（通往中央大道）
5. 明远楼（二楼供着主管文运的文曲星）
7. "天开文运"牌匾[2]
8. 至公堂（存放考卷处）
9. 戒慎堂（密封考生信息处）
10. 聚奎堂（阅卷处）
a. 主考官室
b. 十位副主考官室
x. 监临室[3]
n. 誊录所（抄写试卷处）
m. 对读所（审读抄写好的试卷处）

月初八①举办，考试共分三场，每场考三日。黎明统一发放考题，要求考生第二日早上交卷出场，次日再次入场考试。三场过后只有大约130名考生考中举人，考中的考生被要求到北京参加第三级考试。贡院长约1380英尺、宽650英尺。第45页图展示了贡院的布局。

飞来里

飞来寺 —— 小北门旁的飞来寺相传是从30英里之外的北江边一个叫做清远的小镇飞来的。

育贤坊

文昌庙 —— 建于1685年。每年春秋两季文武官员都在这里举行朝拜仪式。庙内的庭院里竖着三块黑大理石碑，上面刻着长长的碑文。

广州府学宫 —— 紧邻文昌庙，中国重视教育的程度仅从孔庙和文曲星庙的数量就可见一斑，各府县

---

① 应为农历八月初九。乡试的三场考试要求提前一天进入考场，考试后一日出场。乡试例定农历八月初九第一场，十二日为第二场，十五日为第三次。第一场需要在农历八月初八进入考场，真正的考试于农历八月初九凌晨开始。——译者注

都要求设孔庙。广州共有三大学宫①，其中最大的就是广州府学宫。学宫内的大成殿正面供着孔子的牌位，两边摆放四配②的牌位，东西两厢摆放十二哲③的牌位。大成殿前有一石质月台，殿后的院子两侧建有两排廊屋，里面供着孔子七十个④弟子的牌位。每逢春秋祭日，政府官员都会来这里祭拜孔子。以两广总督为首的文武官员在这里焚香点烛，供奉谷物酒肉，排班奏乐，叩首跪拜，十分虔诚。

关帝庙 —— 关帝，亦称战神。此庙占地宽广，建造宏伟，布置精美。庙内第一座大殿供着关帝及其随从像。每逢新年、关帝诞辰和其他节日，文武官员都会到此祭拜。

双门底

双门底是广州最宽阔、最繁华的街道。全城的大

---

① 广州府学宫，又称广府学宫，与南海学宫、番禺学宫并称广州三大学宫。——译者注

② 四配，又称四公、四圣，即复圣公颜渊、述圣公子思、宗圣公曾参、亚圣公孟轲。古代以此四人配祀孔子庙。——译者注

③ 十二哲是孔子七十二弟子中的代表人物，包括闵损（子骞）、冉雍（仲弓）、端木赐（子贡）、仲由（子路）、卜商（子夏）、有若（有子若）、冉耕（伯牛）、宰予（子我）、冉求（子有）、言偃（子游）、颛孙师（子张）、朱熹（元晦）。——译者注

④ 原文疑有误，应为七十二个牌位对应七十二个弟子。——译者注

关帝像

书铺都在这里，自然是文人雅士聚集之地。长老会教堂位于双门底的一处好地段。横跨大街有一座修建于7或8世纪的城墙遗留下的双门门楼，这条街也就因此得名。

滴水楼 —— 著名的滴水楼就建在双门门楼上方。楼里有四把呈阶梯状排列的铜壶，由高至低依次往下滴水。最低的铜壶里有一根指示标尺，通过滴漏的水量变化以显示时间。铜壶滴漏建于1324年。每12小时需要将水从最低的铜壶舀出，灌入最高的铜壶。铜壶旁边的屋子里是一家印刷作坊，负责印制公文布告。

寺前街

大佛寺 —— 广州一所重要的佛寺。寺内供着3尊坐佛，每尊佛像高16英尺、宽7.5英尺，座台高8英尺。寺内庭院广大，三面都是寮房。

大佛寺命运多舛，几百年前曾被政府征作他用，直到1665年才又变回一座佛寺。寺庙至今仍有一部分被政府征占，为善后总局所用。

善后总局 —— 其职能相当于西方好几个部门。除了收税外，善后总局也为军队提供衣食、武器和运输服务，为朝廷征粮征银，还负责发行由广东造币厂制造的钱币。善后总局的主官是布政使、按察使、督

粮道，还有一位候补道台负责具体事务。

大佛寺旁的街边小摊铺出售各式彩绘神像，也有商铺出售竹制的家庭用品。

九曜坊

学台衙门 —— 考秀才（即初等学历）的考场。衙内庭院两旁各摆3排石桌。每排石桌上都有一个敞棚，由几根柱子支撑，从外看去一览无余。衙内共有固定的石桌232张，每桌长33英尺，可供3186名考生使用①。还有可移动的临时桌子以供不时之需。广州府14县大约25000人通过数级甄选前来报考，通过者称为秀才。院试每三年举行两次，要求考生在农历七月的七个连续但间隔一天的日子里作文应考。不同县分天考试，每人只准参加一次。每年大约有500人通过考试，他们的名字会被张榜公布在衙门的墙上。

学台衙门收藏了6颗陨石。

在学台衙门附近的书铺可以看到如何雕板、印刷、装订图书（参见第52页图）。中国的印刷技术已经有1000多年的历史，远远领先于其他国家。

---

① 原文如此。——译者注

书坊街

书坊街主要是制作和销售水晶眼镜的商铺。

仙湖街

这条街上有多家书院，既是赴考的学生住宿之处，也是家祠，里面供奉着各家族历代祖先的牌位。

马鞍街

青云书院是广州最大的书院之一，里面供着不下2000块梁氏祖先牌位。这条街上还有制作轿子的店铺。

早亨街

南海衙门和前面介绍的番禺衙门类似。街上可见被拴在石头和铁桩上的囚犯。衙门入口西侧的一个监房关着带枷的犯人。大街两旁有不少赌档，只有听说县令快要经过时，才都大门紧闭。

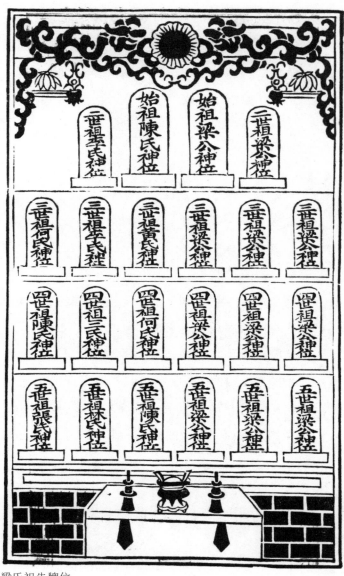

梁氏祖先牌位

南关/博济医局、电灯局的服务

仁济大街

博济医局 —— 位于仁济大街的博济医局共有11座楼房，其中一栋三层楼为医学堂，位于江边。

医局有300张病床和现代化的医疗设备。每年收治人数多达25000至30000人次，完成各类手术2000余台次，其中很多是大型手术。

博济医局由中华医药传教会①负责管理。这个慈善组织成立于1838年，由外国和当地士绅的捐款维持。博济医局最早由伯驾医生于1839年创办，1866年迁址到仁济大街。已故的嘉约翰医生曾在博济医局

---

① 中华医药传教会（Medical Missionary Society）是中国第一个西医药学术团体，于1838年2月21日成立于广州，其主要发起人为美国长老会医疗传教士伯驾（Peter Parker, 1804—1888）、美国公理会在华传教士裨治文（Elijah Coleman Bridgman, 1801—1861）和英国医生郭雷枢（Thomas Colledge, 1796—1879）。——译者注

担任院长多年，其后继者就是现任院长关约翰[①]，他也是美国长老会海外传教会的成员。

医院每周一、三、五开设门诊，周二至周四是手术日。

医局旁是那女士[②]开办的女子神学院及学校，隶属于基督教长老会教派。

街上有一家生产精致铜器的铸铜作坊，一家白铅作坊（在一条支巷里），也可以在店铺中观赏到在漆器上绘画和雕琢玉石的情景。

谷埠

花船 —— 一种带装饰的屋船，有些固定在一处，有些则是暂时停泊。各种花船组成了一座河上城市。有些花船有两三层，下层用作商店，上层常用作听曲、看戏之类的娱乐场所。花船在河上首尾衔接，好似一条街道，但行人必须留意脚下。广州的纨绔子弟是花船的常客，常在傍晚来这里吃饭、赌博、抽鸦

---

① 关约翰（John Myers Swan, 1860—1919），美国长老会的医疗传教士，于1899至1914年担任博济医局院长一职。——译者注

② 那夏理（Harriet Newell Noyes, 1844—1924），美国长老会传教士，于1872年在广州开办了首间女子书院——真光书院（True Light Seminary）。——译者注

片、与歌女调情或通过其他方式打发时间。

潮兴街

潮兴街上有烟店、救火水车，还有卖狗肉的摊铺。

石公祠

潮州八邑会馆 —— 新建的潮州八邑会馆耗资超过1600万银元，馆内装饰极尽中式奢华。入口的大门上装饰着浅浮雕，描漆镀金，精工细作。第一进庭院里有盘龙石柱支撑着一座礼亭，礼亭后面紧连着天后殿。天后殿里的天后像和祭坛都极其艳丽辉煌。第二进庭院里有一座戏台和上下两层的观众席。客厅二楼有供奉北帝和文昌帝君的神龛。院子西侧新近扩建了一个区域以供观剧。大庭院的东侧临河有一座祠堂，供奉已故会馆成员的牌位。

礼贤堂 —— 德国信义会学校和德国传教士居住地。

仁爱街 —— 是浸信会传教士的居住地。

会仙街

街上有制作和修理神像的店铺，卖橱柜的店铺，还有铁匠铺和铜匠铺等。这里能买到种类齐全的中式刀剑和武器。

果栏、菜栏

这里的市场出售各种水果蔬菜，满足广州百姓的日常生活，非常值得一看。

五仙门

这是一座从南关通往新城的大门。

电灯局 —— 靠河的电灯局隶属于中华电力有限公司，负责为沙面和广州其他地区供电。电灯越来越受欢迎，不少富裕的中国商铺都开始采用电灯照明。

增沙街

惠师礼礼拜堂 —— 惠师礼会①的礼拜堂、学校和两位传教士的住宅都在增沙街上。

马头 —— 来广州履新官员会在此地登岸，等他卸任离职时也是从此地上船起行。这里的堤岸和蒸汽船码头建于1890年。

杀人地 —— 占地面积长75英尺、宽25英尺，南部略窄。这里除了用作法场之外，平时也用来晾晒附

_____

　① 即循道会。——译者注

近店铺制作的陶器。法场一次处决10至20名或更多的死囚，每年平均处死300位犯人。1855年，近5万名太平天国官兵在这里被斩首。女犯和重犯则被处以绞刑或是凌迟。你有可能会见到几具这样的尸体高悬在城墙边。

东关/永胜寺、育婴堂的日常

东较场 —— 每三年，在文科举的乡试之后，东较场会举行武科举的乡试。每年的接春神仪式也在这里举行。

老人院 —— 无亲无故的老人支付一定费用可在此居住，并领取微薄的粮食配给。老人院经过修复，现在状态良好。

永胜寺 —— 老人院东侧的永胜寺紧邻着一片庄房，即暂存尸体的地方①。庄房有很多间屋子，每间停放一至两口棺材，设有祭坛可供摆放香火和祭品。异乡人的尸体暂存在庄房内，等待迁回原籍。广州有很多这样的庄房，里面大多停放的是客死异乡的外地人。

育婴堂 —— 初建立于1698年，1732年扩建。育婴堂每天都会收到6至10个刚出生一两天的婴儿（大

---

① 参见前文第39页"棺材庄"。——译者注

多数为女婴），这些弃婴存活率很低。育婴堂由1名小官员管理，通常有300名弃婴，每位奶妈负责喂养3名婴儿。

地藏庵 —— 这是一座巨大的死人城。每年农历七月十四至十六日，寡妇和其他妇人会来此哀悼死去的亲人。

大王坟 —— 通往大王坟的道路两旁有成对的石羊、石马、石骆驼、石武士和石文官像。一块大石碑上刻的文字表彰这位名叫班志富的将军。他参与了1650年清军攻陷广州的战役。

女人院 —— 在东关正东门以北，功能和管理方式和老人院类似。

钱局 —— 位于瞽目院和女人院之间的钱局，占地面积约10英亩，四周有围墙和壕沟。建筑为中式，简朴结实。河水被泵入高塔为钱局供水。造币机器是从英国伯明翰造币厂进口的，由爱德华·怀恩[①]负责管理。钱局建立时是当时世界上最大的造币厂，共有84台铜币压印机，每天可以生产200万铜币。自1898年以后，钱局只生产银元、辅币和一分钱硬

---

① 爱德华·怀恩（Edward Wyon, 1837—1906）受伯明翰造币厂委派率领一部分工程人员来广州，在广东钱局负责安装从该厂引进的各项设备，担任技术部负责人。——译者注

祭坟

币。①

瞽目院 —— 在钱局附近的北横街上。院内有条大路通向一座庙，路的南北两侧是一排排的平房，总共约有500个房间，每间住4位盲人。每位盲人每天可以领到6钱的生活费，其余的花费只能通过乞讨或做零工来赚取了。

小北门以北的城墙根下埋葬着英法联军占领广州期间（1857—1861）死去的英国军官和士兵。

万人坑 —— 在通往麻风村的路边不远的一处山坡上。

东明寺 —— 也在去往麻风村的路上，紧连着一处庄房。

发疯院② —— 距离东门1英里之外，收留麻风病人，管理方式和老人院类似。

四马岗 —— 过了麻风村1英里处就是四马岗，是基督教新教传教士墓地。

---

① 伯明翰造币厂原名喜敦工厂（Messrs. Ralph Heaton and Sons），是罗夫喜敦（Ralph Heaton, 1755—1832）于1794年在英国伯明翰郡所创办的。据中国文献，1888年，时任两广总督的张之洞所筹划的广东钱局，从伯明翰造币厂订购了制银圆用的印花机4台，制铜元用印花机86台，合计90台。——译者注

② 应该就是麻风村，但原书所记英文不同，一为the Leper Village，一为the Home for Lepers。——译者注

河南/河南戏院的热闹

　　顾名思义，河南在珠江以南，正对广州城。这一大片郊野沿珠江绵延不断，约2英里长。19世纪中期的河南还只是一个可以散步休闲的小村子，今天已经是个大镇，约有20万居民，聚集了多个产业，如造船、织席、茶叶加工等。

　　海幢寺 —— 广州最大的寺庙，占地面积约6至8英亩。海幢寺初建于1600年，1700年扩建。宽阔的石板大道榕影密布，从河畔大门一直延伸至第二重山门，山门两侧竖着4座面目狰狞的神像。进入这道门就来到一个四方形的庭院，中间是第一座大殿。殿内正中坐着3尊大佛，陈设着祭坛、锣鼓等一切佛教礼拜用品。大佛两侧是十八罗汉像，每侧各9尊。每天早（早上5—6点）晚（下午4—5点）各有三四十位僧人举行课诵。第二座大殿有一座石塔，据说塔下存放着舍利子。第三座大殿供奉观音像。庭院东西两侧是长廊和一排排僧人的寮房。寺内饲养的（用于放生

的）圣猪和圣鸡在寺庙西部，大斋堂和厨房在寺庙东部。斋堂和厨房后面是花果园和茶毗炉①，不远处便是埋葬骨灰的普同塔。

长寿店 —— 海幢寺入口是一家大棺材铺。

伍家② —— 海幢寺入口西侧数步之遥有一扇大门，进门有一条叫珠海波光的小径通往伍家，也就是浩官家族的宅邸。与伍家宅邸相连的是个名叫万松园的大花园，内有荷塘、小桥、亭台楼阁、奇花异木，曲径通幽，处处彰显中国上层社会的品位和奢华。

河南戏院 —— 海幢寺附近还有一座大戏院。这座砖石建筑建于1890年，可以容纳1500人观剧。戏院经常有演出。早场通常从上午11点开始直到下午6点结束，晚场则从晚上8点开始，持续一整晚。中国戏剧表演并不设舞台背景，几张桌椅就代表了高山。演员使劲拍打空气代表在敲门。"西方戏剧演出的布景非常精致，而中国戏剧舞台本身和布景道具都十分简单，观众需要借助自己的想象力来丰富舞台表演。和西方戏剧不一样，中国戏剧并不分幕和场。观众无法从演员的服饰和手势来推断出其扮演的角色和所做

①即火化炉。——译者注
②伍家即18、19世纪十三行行商首富伍秉鉴家。——译者注

的事情，这时就需要演员把这些信息说或唱出来。乐队是戏剧演出不可或缺的组成部分。除了在表演间隔时大鸣大放之外，乐队还会在诸如激烈的战斗场面锣鼓喧天，也会为任何普通事件渲染气氛。"（选自明恩溥①的《中国乡村生活》）。　一个满员的戏班大约有150人，几组演员轮流交替表演，所以演出可以持续许多小时而不间断。由于中国不允许女性在戏台上表演，所以戏剧中的女性角色都由年轻男性扮演。

　　金花庙 —— 这是供奉母子保护神的寺庙，所以烧香拜祭的主要是女子。庙内供的是金花娘娘，以及她的20位侍女，俗称奶娘，不同的奶娘保佑不同阶段的孩子。庙内保留着金花娘娘睡过的床、床上的饰物和她的丝绸华服。每逢农历四月十七日金花娘娘生日，她的信徒就来拜祭这些东西。

　　庙内庭院一侧墙上雕塑了一条龙，俯视着一泉圣水。

洗涌街

　　源合席店 —— 广州最大的织席店就在这条街

---

　　① 明恩溥 （Arthur Henderson Smith, 1845—1932），美国传教士。在华生活了54年，先后在多地居住。他非常了解中国，写了大量有关中国的著作。——译者注

上。在这里可以看到各式各样、五颜六色的草席是如何编织出来的。

鳌洲外街

北帝庙 —— 这座庙很小，没有特别引人注目之处。

育才书社① —— 香港育才书社协会最近开办的一所西学男校，采用英文授课。这是所世俗学校，由一名欧洲人当校长。

仁济医局 —— 育才书社旁的仁济医局创办于1890年，功能和管理方式和前文提到的爱育善堂类似。

伍氏大宗祠 —— 伍浩官家族的宗祠，供奉着伍氏家族几代先人的牌位。

济隆新栈 —— 制作广州名产糖姜的作坊之一。

洲头嘴

茶叶行 —— 这条街上有为外商打包的货栈和本地商人的茶叶行。

---

① 这当是广州第二所育才书社，参见第25页注①。——译者注

玄坛庙[1] —— 玄坛真君是虎神，他的塑像是黑脸。离庙不远是古红炮台遗址，邻近的码头停靠来往沙面及附近郊区的渡船。

粤海关烟仓 —— 用于存放完税后的鸦片，以供再出口或转运到内地。烟仓后面是一座气象信号台，为江中的船舶发布天气信号。

海关波楼[2] —— 粤海关的俱乐部和图书馆，建造费是由清政府支付的。

采生茶行 —— 广州最大的外销茶行。在这里可以观看如何拣茶、筛茶、焙茶、发酵、包装。

昌隆席店 —— 位于洲头嘴街南端。

桂皮藤丝行 —— 在这里可以观看如何制作桂皮和扶留藤[3]。

美国教会 —— 洲头咀附近有美国美瑞丹会[4]和美国同寅会[5]差会。

---

① 即财神庙，供奉赵公明。——译者注

② 正式名称为"粤海关俱乐部"，因楼旁有一座悬挂台风信号风球的瞭望台，广州人习惯用"球"（ball）的英语音译而称之。——编者注

③ 古称蒟，是一种胡椒科植物。——译者注

④ 美国美瑞丹会（American Scandinavian Mission）1887年派传教士进入中国广东传教。——译者注

⑤ 同寅会（United Brethren in Christ）是基督教新教的一个教派，于1889年派传教士进入中国广东传教。——译者注

白蚬壳

白蚬壳村曾经以石灰窑闻名，现在村里主要有太古行码头以及：

车尾炮台 —— 位于珠江一座小岛上，亦称澳门炮台，在沙面也可以看到①。

南石头 —— 在炮台附近的岸边，是安葬外国人的墓地。

---

① 原文如此，当地人称为车歪炮台。西方人把广州珠江南航道白鹅潭到丫髻沙这一段称为"澳门航道"，所以把位于这一航道的车歪炮台又称为"澳门炮台"。——译者注

花地/福荫院的怡人

从河南穿过澳门水道，即珠江后航道，就来到了花地。以前这里都是花圃和果园，现在正在快速发展。

花地河畔仍有一些园圃，里面有各种植物，如树、花、盆景等，造型各异，有的修剪的像动物，有的像鱼，还有的像人。其中最出名的园圃是"纫香"和"翠林"。园圃附近有两座小寺庙：大通古寺和鹫峰寺，寺内布置美观怡人。

福荫园 —— 亦称浩官花园，在花地河的一条支流上。这个大花园里有荷塘假山、小桥流水、亭台楼阁。人们漫步花丛，心旷神怡。

启新制造玻璃厂 —— 花地河旁有一些完全由本地人办的玻璃作坊，总称启新制造玻璃厂，生产纯色和有色玻璃灯罩，以及各种各样的玻璃制品。

花地有美国长老会办的蒙学[1]，与该差会驻地相连。

方村[2]

癫狂医院 —— 由已故的嘉约翰医生创建，据说是中国唯一的一所精神病院。

礼贤堂 —— 这座教堂是珠江边的地标建筑，完全由中国信徒捐赠而建。

礼贤堂旁边有英国圣公会差会和英国长老会差会的房产。这一街区还有几家欧洲和中国公司的大型煤油仓库和货栈。

石围塘

石围塘是粤汉铁路的一个站点（参见第24页）。在花地河和石围塘之间有好几个种植园，种着荔枝、龙眼、黄皮、橘子、阳桃、桃子等果树。

南塘村、北鸦村

北丫 —— 花地河支流上的南塘村和北鸦村有几

---

① 即今广州市培英中学前身。——译者注
② 即广州市原市辖区芳村区一带。——编者注

家孵化场，专司人工孵化鸭子。

贝底水

流经该村的河上横跨一座九孔石桥。

白鹤洞

此地村庄附近有一座叫坑口茶山的小茶园。

郊游和远行/白云山、佛山等线路

　　喜欢寻幽探胜的外来客可以选择下面的路线游览。有些路线可以一天游完。一天以上的行程则需要有仆人陪同，准备好食物、卧具和桌布，以及其他日常生活物品，如刀、叉、汤匙、碟碗等。除非乘坐屋船，西江游则无需准备这些物品。如距广州100里（35英里）以外或是行程5天以上的旅行，需要到当地本国领事署办理通行证（参见第4页的"通行证"），以备中方官员审查。

白云山

　　从沙面乘轿或骑马到白云山需要两个半至三个小时，可以当天往返。如果时间充裕，建议花两至三天进行游览，其间可以留宿山脚下的能仁寺或是山顶的双溪古寺。一年中的某些季节和时段，白云山满是香客和游人。建议至少提前一天和寺里的僧侣联系住宿事宜。

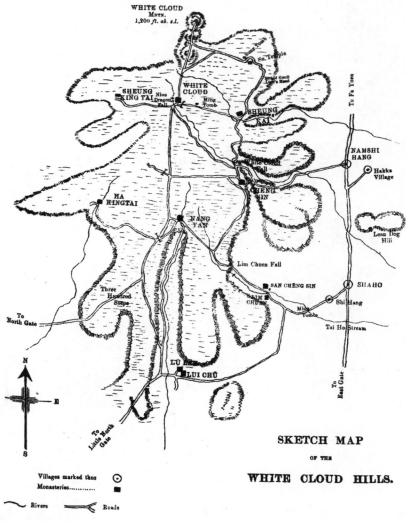

白云山示意图

　　游览路线 —— 从沙面出发通常有三条路线。

　　路线一：从西关入山。沿老城西城墙外侧走一段，向右可清楚看到著名的景观花塔和五层楼。走到人烟稀少处，路的右侧有一座阿拉伯早期航海者的圆顶墓。再往前走，路的左侧有第39页提及的清真寺和默罕默德的舅父宛葛素之墓。然后穿过一片田地，翻过一个山谷，登上375级台阶就到了白云山山脊。再经过一座精致的翰林墓和一座凉亭，就到了能仁寺。

　　路线二：穿过广州城，出小北门不远有一座小山，小山上便是得胜炮台。再穿过几个做石材生意的小村庄，就到了山脚下的弥勒寺，顺着风景如画的山道而上就是能仁寺了。

　　路线三：从广州东门出发，过发疯院（参见第62页），在沙河村附近有一条山路，经过林泉寺和能仁瀑布进山。瀑布之上的石阶上通双溪古寺。

　　能仁寺 —— 位于一条树木葱茏的山谷尽头，环境优美，是白云山上最整洁且保存最完好的寺庙。地势较低的一座殿供奉三宝佛①，其上的一座殿供奉

---

　　① 也称三世佛，分别是三个佛世界的佛。中间是娑婆世界的中央现在佛释迦牟尼，左胁东方净琉璃世界的药师佛，右胁西方极乐世界的阿弥陀佛。——译者注

十六臂观音。观音殿旁的佛龛里供齐天大圣。传说齐天大圣被推举为猴王后决定去寻求智慧。他从一个术士那里学了法术，变得长生不老，渴望能够超越其他的神仙。天上的最高统治者玉帝派了几批天兵天将镇压齐天大圣，但都无功而返。最后老子用魔环抓住了猴子，把他带到佛祖面前。①佛祖问猴子有什么能耐可以当众神之首。他回答说："我有七十二般变化，可以长生不老，一纵有六千英里远。""很好。"佛祖回答，"如果你能跳出我的手掌心，我就让你当天宫的皇帝。"猴子同意了，变小了身体来到佛祖的手上。他纵身一跃，跃出六千英里，来到了天庭的五根大柱旁。猴子想："这应该就是天边了。"于是就在中间的大柱子上写下了自己名字，然后回到佛祖身边。佛祖听完他的故事，伸出手，只见他的中指上签着猴子的名字。齐天大圣最终皈依了佛祖，列入佛教诸神。

沿着能仁寺西侧山路继续往上走，右边的一条支路通往郑仙寺。

郑仙寺 —— 白云山上最古老的寺庙之一，建在

---

① 原文如此。原书关于齐天大圣的传说与《西游记》有出入。——译者注

悬崖凹壁处。这座寺庙是为了纪念郑安期而修建的，郑安期是秦始皇（公元前221—公元前210）时期的一个方士。秦始皇是中国的第一位皇帝，以其残暴统治而闻名。秦始皇听说有种仙草吃了可以长生不老，于是就派郑安期去寻找。郑安期在中华大地寻找了五年徒劳无功，最终在白云山上发现了仙草。郑安期大喜过望，摘下一叶尝试。让他大吃一惊的是，这一来所有的仙草就都消失了。知道自己空手而归必定受到惩罚，他于是跳崖自杀，却被一只鹤接住，飞升上天了。后来人们就在他跳崖的地方修建了这座寺，内有神龛供着从石壁上雕刻出来的郑仙像。

距郑仙寺不远有个白云坑瀑布，是这一带小瀑布中最美的一个。瀑布之上有一条风景如画的山路通往双溪古寺。

双溪古寺 —— 也和郑仙有关。寺内观音像左侧供着郑安期的牌位。客堂墙上有中国著名画家朱麟的几幅精美画作。寺内的露台是远眺附近河流和村庄的绝佳地点。

山路蜿蜒，溪水潺潺，高山低谷，风景如画，经过狮头石和仙人床，就到了苏氏山祠。

苏氏山祠 —— 由宋朝（约1100）的一位大臣建

立。他的墓地①就在山祠后的山坡上，是典型的宋代建筑。从此地沿着一条小径可达白云山山顶，海拔1200英尺。在那里可以看到一侧的广州城和西樵山，另一侧的北江和花园山，东江旁的丘陵、黄埔村和宝塔，还有珠江的不同支流。返程可以走白云寺。

白云寺 —— 又称龙王庙，初建于1200年，1800年重建。上层大殿供十八罗汉和不可或缺的观音②，中层大殿供三宝佛，下层大殿供龙王，即雨神。广州官员每年到这里祭拜两次，如若着急求雨也会到这里祭拜。寺内庭院中有一口九龙泉。传说乾隆皇帝在位期间（1736—1796）广州府有一场大旱，两广总督福康安祭拜了广州所有的寺庙，最后来到白云寺。他在叩拜时看到寺前草坪上有9个小男孩在跳舞，但一起身他们就消失了，跳舞的地方涌起了一眼清澈的泉水。总督大吃一惊，询问寺里的主持那些跳舞的男孩是什么人。主持答道："那是龙王的九个儿子，现身告诉总督您的祈祷显灵了。"福康安还未回到衙门就

---

① 据说这是苏绍箕之墓。苏绍箕（1088—1150），字嗣良，号晴川。北宋苏轼之孙，苏迨之子，官至太尉。——译者注

② 观音是佛教中的慈悲之神。——作者原注

天降大雨，旱情得到了缓解①。

白云寺下面有四条小路。最右边的通往上景泰寺；从右数起第二条通往能仁寺；第三条在九龙泉瀑布下的河流旁，通往郑仙寺；最左边的一条出拱门，途经一座造型半明朝半清朝风格的墓地，通往双溪古寺。

再从能仁寺出发，沿着左手边（东边）的一条路，经过一段长长的石阶就到了新郑仙祠。

新郑仙祠 —— 是一所道观，位于濂泉瀑布脚下。濂泉瀑布高约300英尺，是广东的著名景点之一②，但是只有在雨季才值得一看。新郑仙祠下方有一座孔氏山庄，内有荷塘、花园和凉亭。宅院另一侧就是濂泉寺。不惧山路艰险的游客可以经沙河村返回。沿途可以看到几座明朝墓地，墓地两边立着石柱、石马、石羊等雕像，其中石龟雕像代表墓地里埋葬的是文人。穿过沙河村，右手边有一座叫做瘦狗岭的孤山。因为民间传说这里会出真龙天子，驻扎在广

---

① 据《白云越秀二山合志》记载，九龙泉在白云山摩星岭下，相传为秦代郑安期隐居处，本无泉水，后有九个童子出现，一会儿便化做九条彩龙腾空而去，就在九童子出现的地方，冒出一个泉眼，泉水奔涌而出。郑安期把它掏成一井，供人取用，取名"九龙泉"，又叫"安期井"。——译者注

② 宋元时代，"蒲间濂泉"是"羊城八景"之一。——译者注

州的清军每年秋季都要炮打瘦狗岭数天。再走一段就来到了一座客家人村落。紧邻客家村的是本地人聚居的南蛇坑村，那里有一条山路直通郑仙寺。

从能仁寺往西，经过前面提到的翰林墓和凉亭，就到了一个叫下景泰寺的小庙。

去小北门的路边不远是吕祖庙，紧邻的是弥勒寺。弥勒寺内有一尊半卧的佛像非常奇特，旁边是一尊睡佛。

金山

沙面居民非常喜欢到金山野餐。根据天气情况，从沙面乘坐汽船或屋船，2至4个小时就能到金山，返程也需要相同的时间。这条路线途经被欧洲人称为白沙岛（Belcher' Island）的大岛和增步村，中国政府在增步村设有军械库及船厂。（小北江）湍急的河水在石门汇入珠江，被誉为广东一景①，推荐在月夜欣赏此地与金山寺废墟。

佛山

佛山在广州西南15英里以外，居民约50万。这

---

① 此地的"石门返照"曾是"羊城八景"之一。——译者注

里几个世纪以来都以贸易和制造业闻名。佛山历史悠久，和广州不相上下，据说是由一位佛教圣人创建的，而这位圣人就是佛祖的化身。佛山顾名思义，就是佛居住的山。它是一个厅①，行政长官是广州知府的副手——同知，常驻佛山。佛山隶属南海县，南海知县在司法事务上对佛山有管辖权。在佛山依然可见古城墙的遗迹，但它已不再是一座由城墙围护的城市。太平军从1854年7月开始占领佛山，直至当年年底。在围攻广州战役中，佛山曾是太平军的基地。据说他们非常残暴，有一次把市民赶到一块空地，开炮残杀，传言至少有20万平民百姓就死在这座城镇，太平军在放弃佛山之前放火焚毁了大部分城区。三年后佛山因为"佛山舰队"基地设于此地而再次扬名。这是一支由民间海船组成的水上武装，用于抵御外国舰船。海军上将亨利·凯佩尔②于1857年7月对佛山舰队发起攻击，摧毁了这支舰队，控制了佛山炮台。

　　游览路线 —— 从广州到佛山坐汽船大约需要两个小时，坐火车大约半个小时。汽船走花地河和佛山

---

　　① 行政机构。清代在府下设厅，与州、县同为地方基层行政机构。——译者注

　　② 亨利·凯佩尔（Henry Keppel, 1809—1904）英国海军上将，受封爵士。——译者注

河，沿途的主要村镇有花地、盐步、瓜步，两岸还有不少小村庄。佛山人口稠密，在中国被称作"九十六乡"。这里主要种植水稻，也大面积种植甘蔗和桑树，还有不少果园。几乎每一个河流转弯处都可以看到一座文塔。文塔为六角形，三至五层不等，塔顶上有一个红色的球，有点像中国的毛笔。人们认为文塔会影响当地的风水，尤其是能促生更多文人士子。去往佛山的半途，靠近盐步镇的地方就是两益纸局。

在两益纸局可以参观机器制纸的整个过程。工人把挑选过的布头分类并取下纽扣，然后放入漂白桶中。漂白好的布头进入碎浆机洗涤、粉碎，然后制成纸浆。在另一个屋子把纸浆过滤后送入造纸机，然后通过蒸汽滚筒干燥，再把干燥后的纸卷到线轴上。每个卷轴可以卷几英里长的纸。经以上步骤处理过的纸在旁边的屋子内被切成所需要的尺寸，称重计数，最后包装待售。两益纸局的设备是从爱丁堡的伯特伦造纸公司进口的，最早由欧洲人操作，不过从多年前起就完全由当地人运作了。

从石围塘站（参见第24页）出发的粤汉铁路与河道平行，相距不远，在接近瓜步村时则开始紧贴河道。佛山站位于西南涌的北岸，与佛山镇西端相望。

从广州坐船进佛山，首先引人注目的是占地广

阔、两层楼高的卫斯理教堂①，它是目前佛山唯一的一所永久性的新教教堂。在教堂所处岛屿的另外一端，正对着渡船靠岸的地方有座关帝庙，建在耗巨资围河填造出的一块土地上。该庙的三层重檐都有精美的雕塑。关帝庙的对角处有个厘卡，输入或途经佛山的商货都要在这里交税。

和广州一样，佛山每条街道都经营不同的生意，主要经销商和外地杂货商经营的商店都集中在富文里和豆豉巷。潘涌大街上则都是鞋铺。

学源社——这条街上有一个蔡大夫第，里面的花园打理得很好，是中国地方上的富裕家庭的代表性府邸。

文明里——街上有一家名为太和药房的中药铺。

佛山祖庙——始建于1600年，曾被太平军摧毁，1899年再遇火灾。最近的重建花费了100万银元，都是民间众筹而来。祖庙为北帝而建，内供北帝像。侧殿供慈悲之神观音菩萨。庙前广场当中有一个圣池，养着很多乌龟，这种爬行动物是北帝的神物。池里还有一尊蛇龟石像。广场的另一侧有一条精致的三重拱廊，通向一个庭院，那里不定期地上演戏剧。

---

① 即惠师礼礼拜堂，又称惠师礼行。——译者注

协天宫里 —— 这条巷子有一座供奉战神的小关帝庙，还有一座小文昌庙。

麟角里 —— 有何氏祠和刘家祠，对街相向而立。

育婴堂 —— 这是位于城东的一所婴儿医院①，完全由当地人管理。附近有几家染纸店，这里生产的彩纸销往广州和广东其他地区。染布业也是这里的一个重要产业，附近有多家染布店。不同的楼里进行不同的染布工序：一座楼负责染色，另一座楼负责烘干，还有一座楼负责用碾布石碾压染好的布来保证上色均匀。

义记炉 —— 这是佛山最大的铸造厂，在这里可以看工人如何制作煮饭用的半圆形大铁锅。实际上这里还制作各种形状和尺寸的铁器，从小型烧水壶、大型铁锅，到寺庙里用的香火炉，应有尽有。除了各种容器，这里还铸钟。佛山的铸钟业历史悠久，广州寺庙里的钟大多都是佛山铸造的。

这一片还有几家做刀仔较剪店②。

佛山正埠 —— 这是渡轮停靠的码头。从码头向西，会经过佛山的商业主街富文里。

---

① 这是一所收留弃婴的机构，原文称为"医院"疑有误。——译者注

② 原书所附中文如此，疑有误。据原文这些店铺从事餐具制作。——编者注

汾宁里 —— 这是当地的银行一条街。

太平坊 —— 太平坊与河流平行，集中了出售大米、纸张和中草药等商品的商行。街上有一家广福医院，与广州爱育善堂等其他医院类似（参见第17页），也是一个施医赠药的慈善机构。街上还有一家大约建于25年前①的西医院——佛山医院，由卫斯理教会运营，完全自给自足。医院可以收治约60位住院病人，院内分男女病房。除周日外，每天开设门诊。医院附近有一所和医院同时建立的蒙学，招收本地学生。

与佛山医院隔河相望的就是佛山铁路车站。

黄埔

黄埔村距离广州大约12英里，根据潮汐情况，乘船大约一个半至两个小时就可到达。这里的地理位置曾经比较重要，外国船只不许越过黄埔继续前往广州。在1842年通商口岸开放之前，可以说大清所有的外贸交易实际上都是在这里进行的。②这种重要性如今已不复存在，外国人来此也只是怀旧而已。这里有粤海关的一个分部。为了防止黄埔的衰落，清政府

---

① 约1879年前后。——编者注

② 原书说法不准，包括黄埔在内的广州曾长期为清朝唯一对欧美国家开放的贸易港，但并非清朝唯一一个对外贸易的港口。——编者注

近年把之前的外国定居点改作学校或军火库等。

　　游览路线 —— 珠江在沙面分成前航道和后航道（即澳门航道），两条航道在黄埔下游再次汇合。从广州出发，人们可以选择以珠江前航道作为去程路线，以珠江后航道作为返程路线，整条路线大约29英里。如果想再走远一些，也可以到距黄埔约4英里之外的波罗村游览。

　　走珠江前航道，经过河两边的博济医局和河南戏院，就能看到一座被称作海珠炮台的小岛，西方人也称之为荷兰炮台。据说这座小岛在17世纪曾被授予荷兰人作为贸易据点，后来中国人发现荷兰人开始在这片土地上围城造墙，就毫不客气地将他们驱逐了出去，之后他们在原有的基础上修建了这座海珠炮台。1856年这里被英军占领，英舰从这里发炮轰击了两广总督叶名琛的衙门，衙门的旧址上后来建造了天主堂。这里除了有电厂，还停泊着军舰和盐船。当地有两座盐关。在中国，盐的生产和销售都由政府专营。由盐运使负责的盐运使司在珠江和东河交汇处的东莞设有总部，负责两广地区和其他5省的盐业。据说盐关所在的地方官府从盐税所得的收入一年超过100万两银子。盐关附近有许多竹棚，建在河中的木桩上，看上去像是一个马来人居住的村落。赤岗塔，亦称河南塔，据说下面藏有珍宝。附近是中流砥柱炮台，该炮台建于1883年，用于防御法军。过炮台不远的江边有一座庙，里面供奉掌管文运的文昌帝。这座庙和下游的两座庙据说都是由海盗所建，以感谢神灵对他们的庇佑。黄埔琶洲塔和一座废弃的庙宇在一片树木葱茏的小山坡上。塔和庙的对面就是棠溪村，也是郁郁葱葱。再经过两座文塔就到了黄埔。

沿珠江后航道返回，可以看到另外三座为了抵御法国人而建造的炮台，还有一个叫新造的小镇子。该镇曾经被太平军占领过一段时间。清政府为了夺回新造付出了惨重的代价，镇上的男女老少都被残酷地杀害了。游客在黄埔粤海关码头上岸，右转就来到了广东水师学堂。

广东水师学堂 —— 由两广总督张之洞创建于1880年，中国未来的海军军官在这里接受英汉双语教育。学堂大约有60名学生，有宿舍、食堂、教室等设施。学堂以前聘用的都是欧洲教师，现在所有科目都由中国人讲授。

船澳 —— 大清水师码头众多，这是其中之一。这座码头以前属于黄埔码头公司，是香港码头群的重要组成部分。码头现在归中国政府所有，用于停靠巡洋舰。

帕西人[1]花园及坟场 —— 在一座山顶之上。住在广州的帕西人死后埋葬在此地。山上可以欣赏景色旖旎的河流、岛屿和山川。驶过的船只可以接收从旁边山上传来的信号。坟场下方有一间平房，供前来黄埔的帕西人休息。

穿过一座小北帝庙就进入了一条本地街道。这里已经不复往日的繁华。

大英领事府 —— 黄埔的大英领事府现在几乎被闲置了，因为广州城里的领事署位置优越，便于处理事务。

水鱼雷学堂 —— 在附近码头的一端，管理和运作与广东水师学堂类似。学堂近来也弃欧洲教师而用华人教员了。

船局 —— 在码头的另一端。里面的花园照料得很好。

外国人坟墓[2] —— 在船局附近的一座山上。老商

——————————————

[1] 原书所附中文是巴西人，英文是Parsee，现在译为帕西人或巴斯人，是生活在印度或巴基斯坦的拜火教徒，大部分是波斯后裔。——译者注

[2] 外国人公墓曾有墓地200余座，现在仅存26座。其中包括美国驻华首任公使亚历山大·义华业（Alexander Hill Everett, 1792—1847）的墓地。——译者注

馆时期[1]，在广州城和在商船上过世的外国人都埋葬
在此地。这里现在疏于管理，如不尽快保护，很快就
将不复存在。

坟墓附近有一座鱼雷厂。河对岸才是真正的黄埔
村。沿河两岸的棚屋群被称为新洲。曾经臭名昭著的
旧竹棚屋群在离河更远的地方，如今已经烟消云散
了。河对岸左边的大村子叫深井。

从鱼雷厂走一条小路，爬过种满冷杉的小山丘就
回到了粤海关黄埔税馆，沿途景色如画，附近就是广
东陆师学堂。

广东陆师学堂 —— 也是由两广总督张之洞创
办。学堂培养陆军军官，可以容纳约200名学生。学
堂后面有一个带顶棚的大操场。

再往前的小山上是长洲炮台，附近有一个大校
场。河对面是鱼珠炮台。

沙路村 —— 这一带有不少20年前为了防御法军
而建造的防御工事，沙路村附近就有一个，后来当地
人在上面铺了木板，搭成一座横跨两座岛的桥。

---

　　① 主要指第一次鸦片战争以前。——编者注

波罗

　　离开黄埔前需要到当地的粤海关分部申请许可，汽船才可以继续前行。

　　波罗村距河约1英里，盛产水稻。村后是逶迤连绵的鸡冠山。每逢农历三月，附近的居民和远方的香客都会来这里祭拜当地的神仙。

　　南海神庙　——位于波罗村北的南海神庙①是广东最大的村庙之一，占地面积约四五英亩。寺庙大约初建于1380年，1775年重建。广州官员每年集体来这里祭拜两次。广东巡抚按理应该亲自率领，但通常都是派副手代表出席。

　　庙外庭院的两根旗杆中间竖着一块石碑，上刻乾隆皇帝于1775年下达的重建庙宇的谕旨。庙内靠近中门处有石龟驮着一块石碑，上面刻着另一位皇帝的谕旨。拾阶而上，在殿台向右转就是所谓的洋人望波罗之神。

　　洋人望波罗之神　——即马可·波罗像，在一座壁龛内，但完全不像那位威尼斯旅行家，从外形和服饰无法判断他是哪国人。当地人说塑像是以一名外国水

---

　　① 南海神庙，又称波罗庙，位于今广州市黄埔区的庙头村。——译者注

手为原型创作的，这名水手在早期中外交往中被"遗落"在这里。他日复一日地登上附近的山头，盼望他的船队能够回来接他，最终失望而死。村民埋葬了他，并把他的塑像供在了庙里。

一进南海神庙就会看到一只巨大的石龟，龟背上驮着一块大石碑，上面刻着洪武帝于1380年前后下达的修建庙宇的谕旨。四周围墙上还有一些碑铭，表彰那些亲自来庙内祭拜的广东巡抚。

庙内前殿供奉洪圣大王和他的8位侍从。洪圣大王是水神、雨神，也是南海之神，据传洪圣大王在发生瘟疫时会施法祛疫。后殿供着被称作王后娘娘的洪圣大王夫人像。神庙的南边是屈氏和陈氏家族的两座神龛，纪念他们捐赠土地用于修建神庙。神庙北边有一座小庙，里面供奉着战争之神关帝和掌管文运之神文昌帝君。

凝真观 —— 在南海神庙北，是一座道观，内供三清。

海光寺 —— 在南海神庙南，是一座佛寺。

波罗村北有一座小山岗，顶上有一座浴日亭，可以欣赏珠江美景。山后有一座莲花塔，于1620年建在狮子山①上，据说可以保护水路。莲花塔下有一座炮台。远眺可见大虎岛，岛上有著名的虎门炮台。

西樵山

（注：此行程将远离广州超过100里，需要办理通告证方可前往。）

西樵山在广州西南方，直线距离不过40英里，但是由于珠江三角洲河流曲折，实际路程远远不止。西樵山风景的秀丽和多样胜过白云山，但是因为距离远，欧洲人就去得少。与白云山不同，西樵山上有不少村庄和农田，山顶方圆只有一箭之地。它是"羊城八景"之一②，卫三畏博士称广州人都认为此地"值得外国人一游"。

游览路线

从广州前往西樵山的路线有几条，最终要视潮汐、船舶吃水和季节等因素而定。可以坐屋船去，由汽船拖或雇苦力驾船。去程一天，游山至少一天，返程一天。游客装备里最好增加一把猎枪。

下面介绍的路线，去程可以看到石湾烧窑，返程

---

① 莲花山东有狮子岩，所以莲花山亦称狮子山。——译者注
② "西樵云瀑"在清代入选"羊城八景"之一。云瀑指的是西樵山众多的瀑布。"云瀑"是因为水汽飞溅，形成云雾而得名。——译者注

可以途经南国丝都顺德和陈村。

路线一：从佛山出发 —— 前面已经介绍过盐步纸局[1]和佛山。坐船去西樵山要从佛山进入当地人称西南涌的航道。去石湾需要在沙口附近左转。从石湾返回，经过紫洞、下滘又重新进入西南涌干流。在此急转向南，途经窦头，可以在一家丝偈[2]参观抽茧纺丝的整个过程。顺着一条狭窄的溪流向前，便可达西樵山脚下的集镇——官山。

路线二：从澜石[3]出发 —— 沿珠江后航道经过方村和白蚬壳，过澳门炮台[4]西行，就能看到风信子岛，1857年6月的佛山水道之战[5]就在这座小岛屿打响。接下来抵达的平洲是座集镇，镇上有座文塔。附近的五斗村很狭长，村内主要都是竹棚屋，村子对面也有一座文塔，村子附近还有几家砖瓦厂。澜石有一家丝偈。与澜石一河之隔的小浦有个蚕茧市场，还有一座很大的何氏祠。

石湾烧窑 —— 该窑位于佛山镇西南方向7英里之

---

① 即两益纸局。——译者注
② 即缫丝厂。——译者注
③ 今佛山市澜石镇，原书所附中文写作"蠣石"。——编者注
④ 即车尾炮台，参见第68页。——译者注
⑤ 指第二次鸦片战争期间英军与清军间爆发的一场水战。——编者注

外的岛上。在这里可以看到陶器捏制、煅烧、上釉等
几乎所有环节，该窑出产从家用坛罐到贵重的装饰器
皿等各种产品。人们可以在江边沙滩街的元亨铺买到
这里制造的陶器。

在几英里之外的榕州和西滘有几家丝偈。下面的
路线就如路线一所介绍的，经过紫洞、下滘和窦头就
到了西樵山脚下的官山镇。

路线三：从顺德返程 —— 离开官山涌向南转入
西南涌的干流。沿途的水藤、龙江、龙山都有丝偈。
龙江的山和两座塔都值得一游，黄连和勒楼也有数家
丝偈，这些镇子都位于中国南方丝都——顺德的中心
地带。

陈村是当地的商业中心，大约有25万人口。村
子横跨河的两岸，河上总是舟楫相连。村里有大型的
水稻和蚕丝仓库、鱼市、桑叶和蚕茧市场，还有一座
很大的欧家祠。陈村有两家丝偈，其中一家是机器丝
偈。

机器丝偈 —— 走进机器丝偈，第一眼就会被蚕
室里大量的珍贵蚕茧所吸引。蚕茧是蚕虫变成蛹时形
成的丝制保护层。蚕蛹会变成蛾后会破茧而出。由于
这一过程会破坏蚕丝，所以就用火烤的办法来阻止蚕
蛾破茧。工人把蚕茧放在一种底部是藤编的大木抽屉

里，然后叠放在炉子上烤死里面的蚕虫。处理过的蚕茧可以长期保存，直至被抽成丝。缫丝都由女工完成。她们首先用热水浸泡蚕茧，把上面的黏液清洗干净，然后把蚕茧卷在缫轮上旋转抽出蚕丝。6至9个蚕茧抽出的丝可以混在一起合成一股纺丝。这里用的都是最原始的的缫丝机器，但是现在已经不用脚踏而改用蒸汽驱动了。一家丝偈雇佣大约500至1000名女工。

陈村镇外的碧江村有一座苏家祠，祠堂后面的山名大乌岗。从江边到石壁岗的距离不远，沿路的冷杉郁郁葱葱，不时可见嶙峋的岩石。从下船处大约走2英里，经过几家祠堂和一家丝偈就到了石壁村。从大石或澳门炮台脚下可以进入珠江后航道。

景点

官山 —— 是座集镇，有一条与河平行的主路，不同路段有不同的名字。一些很短的街道和主路相交，通往镇后险峻的丘陵。西樵山以前满山茶树，官山镇也曾以制茶为主业，现在已经完全被丝织业取代了。镇上有座三元宫，镇郊有一座叫潮水庙的小庙。庙在一块岩石下方，据说是由强盗修建的。他们在实施抢劫的头天晚上会来这里祭拜，祈求神灵保佑行动顺利。

吉水窦 —— 此地的一孔石桥和一座文塔互相映衬，是绝佳的摄影素材。

白云古寺 —— 这虽是一座佛寺，却有一座意大利风格的方塔。四周林木葱郁，与寺庙构成了一幅美丽的画卷。附近有座字祖庙，供奉着文字之神①。

云泉仙观 —— 坐落在悬崖脚下，建于1600年。观内的一潭泉水被两块巨石护卫着，当地人称为守潭龙虎石。登上陡峭的石阶，就来到悬崖上一座名为五爪金龙塔的观景塔。两广总督张之洞曾言，这里可以看到广东最美的风景。

西樵瀑布② —— 高约400英尺，随着山势曲折流下。瀑布下方有一座小房子，是道士清修学道的地方。

养云庐 —— 从云泉仙观沿着悬崖拾阶而上就到了养云庐。这里供奉吕祖，也供年老的道士居住。观前的水池里养了金鱼，也有信徒投下的铜钱。

出庐沿幽径上山就到了瀑布的顶端。这里可以俯瞰上述两座寺观和它们的庭院，景色如画。瀑布上方是一大片农地。穿过溪流，沿着农地向右行就到了云

---

① 字祖庙里供奉的是仓颉。传说仓颉是黄帝的史官，汉字的创造者。——译者注

② 原书所附中文是"曲水流觞即瀑布"。——译者注

端村。

云端 —— 山上的8座村庄之一。村里有3座祠堂，分属冯氏、关氏和马氏。

云端古庙 —— 亦称西樵寺，是建于15世纪的一座小庙，孤零零地远离云端村。庙旁有一座佛学堂，还有几座明代的墓地。

大窝和云路两个村子位于西樵山的最高处，从云路村有小径可达海拔约1500英尺的西樵山顶峰——大窝峰。在那里，西江、海拔约3000英尺的西湾群山以及西南镇附近的群山、错综复杂的水道和人口稠密的珠江三角洲群岛，尽收眼底，晴天时还可看到海拔约4000英尺的鼎湖山。

从大窝村走一条林中小道，途经几座小茶山，就来到了西樵山上最大的村子——碧云村。穿过碧云村有一条宽阔的道路下山，途经马氏祠。

翠岩瀑布 —— 翠岩瀑布和一座废弃的翠岩庙坐落在山谷之间，瀑布下面有两座古墓。一座是何氏墓，面朝瀑布，形如聚水，被称作"倒钱入柜"，风水极好。另一座是和氏墓，所处地势被称作"乞儿等米"。曾几何时，何氏家族既富且贵，在当地趾高气扬，而和氏家族只能在何家门外乞讨。然而正如俗话所言，命运无常。星移斗转，渐渐地何家财源日竭，而和家则日进斗金，现今是和家富而何家贫了。

离开翠岩瀑布后，可以远远看到右边的碧山村和左边的石排村，石排村附近有一很大的石排瀑布。一座名为蛇岗的山岗下是一个被称做猪坑的山谷，据说有猪妖出没，将人拉入谷内杀死。谷中的猪坑瀑布旁边有一座大庙——二帝庙，供奉关帝和文昌帝君。

半山亭 —— 供奉战神关帝的庙，庙旁有一间供香客休息的屋子。从半山亭沿风景优美的百步石而下，穿过树林就到了官山镇。

附录1

为了方便，上文没有一一介绍途经的丝偈，下面按照前述路线经过的先后顺序依次介绍。建议游客从广州出发前到欧洲或者中国丝绸商人处开具介绍信，方便参观。

地点	丝偈商号
澜石	广纯经
榕州	广纯亨
西滘	广纯贞
窦头	宏升昌
水藤	普经元

水藤	冠经
龙江	桂经纶
龙山	慎裕纶
黄连	合经和
勒楼	瑞纶兴
陈村	悦新兴
陈村	明经纶
石壁	致中和

附录2

倘若时间有限，无法游览全程，也可选择下面的一日游路线。

路线一：去往石湾烧窑 —— 坐火车到佛山，过河进入镇子，然后雇轿。这条路线穿过佛山岛和蟠岗，后者乃传说中"佛山"的发源之地，上面仍有一座古寺的遗迹。石湾烧窑距离佛山大约7英里，返程可以经直接返回佛山或者借道澜石，澜石有家机器丝偈。从石湾烧窑经澜石到佛山大约9英里，再从佛山乘火车返回广州。

路线二：去往石壁岗 —— 从广州到石壁岗乘坐汽船需要大约2小时。石壁岗临河，下船走大约2英里就能到达石壁村，村内有几座宗祠和一家丝偈。

西江

（注：乘坐蒸汽班船游览西江可免办通行证。按规定，除了江门、三水和梧州三个通商口岸，去其他地方都要通行证。从这三个口岸出游，100里之内的短途旅行也无需通行证。）

西江上景点众多，无法细说，本指南仅列出部分主要景点供游客参考。

西江是华南最主要的一条水路。它发源于云南东部，其中一段流经贵州南部和广西北部。流经广西时，它与省内几乎所有通航河道交汇，在梧州下游约8英里处流入广东，在三水和北江汇合，冲积成了珠江三角洲，并流入澳门和香港间的海域。据说西江全长约700英里，其中从入海口至广西浔州①大约一半长的水路都向外国商船开放。

游览路线

路线一 —— 大多数游客都乐意站在省港澳轮船公司的明轮船甲板上饱览西江的美景。从广州到梧州的班船，隔天早上8点出发。汽船设施完备，往返

---

① 古有浔州府，治所在今桂平市，现已不存。——译者注

需要4至5天（周五从广州发船，周日会在梧州停留1天）。汽船经过黄埔、顺德南部，从甘竹驶入西江。从广州至三水，途经西樵山，航程约12个小时。

路线二 —— 坐火车到三水，再从那里坐汽船，只需两天半左右就可以往返，途经佛山和西南镇。

路线三 —— 如想更好地游览西江，可以选择乘坐屋船。首先抵达下滘（参见第92页"路线一"），然后朝北急转，经过西南镇抵达三水。

路线四 —— 从下滘绕道走西南涌（参见第92页"路线一"），或者途经陈村，沿第93页描述的行程①逆向而行，就可以顺便游览西樵山。驶离官山镇，沿着西南涌干流向北，经过下滘和西南镇到达三水。

（路线三和路线四若遵循从梧州顺流而下至广州的方向游览，则体验更佳。）

景点

甘竹 —— 根据条约②，外国班船可以停靠甘竹。当地隶属江门海关管辖。

三水 —— 这是一座县城，位于西江和北江交界

---

① 应指第93页"路线三"。——译者注
② 指1897年《中缅条约》。——编者注

处，于1897年6月开埠通商。三水城有建于16世纪中期的城墙，北门外的伏虎玄坛建于1600年，城市与河流之间有一座精美的九层宝塔。三水城现已衰落，不复曾经的繁华。三水关口设在离三水城约2英里的河口，此地因为开埠通商而迅速发展，外商和主要的华商都在此居住。离三水城大约3英里远的地方就是西南镇。

西南镇 —— 这是一座新近形成的城镇，也是当地的商业中心。镇上有座关帝庙，和广州的城隍庙一样商贩云集，从事货币兑换、算命卜卦、代写书信、设摊赌博，家家生意兴隆。在特定的季节，当地人会制作禾花雀①罐头。离城镇几英里的西南山有很多动物，适合打猎。江对岸的老沙有两家机器丝偈。城镇附近的两座宝塔也值得一看。

西围 —— 西围山海拔近3000英尺，有包括老虎在内的各种动物，可以打猎。

鼎湖山 —— 由海拔3000至4000英尺的丘陵组成，山上有两挂瀑布和几座寺庙。最大的一座叫鼎湖古寺，有200多位僧人。山上多瀑布，最大的一个当地人称为"飞泉"，鼎湖古寺就建在这一瀑布上方。

---

① 禾花雀，学名黄胸鹀，曾经是广东一种常见的野鸟。——译者注

从后沥村出发前往鼎湖山最便捷。

肇庆峡 —— 峡谷约7英里长，幽深莫测。两岸悬崖壁立，高约4000英尺，景像令人震撼。峡谷左方有块石头被称作"望夫石"，据说是一位妇人长期在此地等候，盼望外出做生意的丈夫归来，日久年深便石化了。

肇庆城 —— 该城沿河岸延伸约6英里，据说是中国最美丽的城市之一。肇庆又是一座古城，在中国历史上发挥过重要作用。1280年蒙古大军攻陷杭州后，南宋朝廷逃到了肇庆，一度定都于此，或者说是一部分仍然效忠宋朝的残余臣民把肇庆当作首都。此后，两广总督府和广东省府都曾以肇庆为驻地。1582年，著名的耶稣会士，赴华传教的先驱利玛窦①和罗明坚②，以此作为根据地。不久后，来自澳门的葡萄牙使团和来自马尼拉的两班牙使团到访肇庆，这些使团受到了总督衙门的礼遇，但未达成目的就被遣返。1630年，两广总督府等官方机构迁往广州，方

---

① 利玛窦（Matteo Ricci, 1552—1610），意大利天主耶稣会传教士、学者，是该会在中国传教的开拓者之一。——译者注

② 罗明坚（Michele Ruggieri, 1543—1607），意大利天主耶稣会传教士、汉学家。他是明代第一个进入中国大陆的西方传教士，也是西方汉学的奠基人。——译者注

便对外国人进行监督。太平军曾占领肇庆，清军经过长时间的围攻后，最终在1855年5月夺回该城。清军夸耀说在镇压太平军的战争中，曾在此城杀死3万人。原两广总督衙门位置优越，庭院里老榕成荫。距肇庆几英里之外有座石山，中国人称"七星岩"，此山及其周边有很多奇特的岩洞和寺庙。

连滩——此峡谷比肇庆峡小，景色也略逊一筹。过了禄步村是鸡冠石。河对岸有一些岩洞，据说可通东京①，当然从来没有被证实过。

悦城——有一座大庙龙母庙，供奉龙母。每逢农历五月龙母诞辰，会举行大型庆典。

德庆城——从江上望去，德庆颇具欧洲特色。该城四面环山，据说有老虎出没，这种动物在这个地区已恶名昭彰了。

东安城——在西江南岸，距江约12英里。汛期乘汽船靠近肇庆时，从甲板上就可以看到东安城内的一座宝塔。东安城是华南织席业重要的中心之一。该城四周环山，山中包括老虎等动植物种类丰富。城郊有文昌庙，还有雕刻了约40英尺高佛像的田螺岩，以及一些内有石钟乳和石笋的岩洞，值得游览。

------

① 参见第7页注释③。——译者注

　　都城是汽船获准停靠的地点。在去都城的路上可以看到和尚头，这是一块山坡上的大石头。

　　此后汽船很快就驶过省界进入广西，梧州山和一座宝塔隔江遥望。看到江心一座绿树成荫的小岛和一座庙宇时，就到了梧州。

　　梧州 ——这座府城位于西江和抚河的交汇处。梧州有城墙围绕，大部分商业街道都在城外，并无出彩之处。梧州的故事要从中国历史的开端讲起。那时此地名苍梧，是公元前2000年时南越古国的重镇。古代越南统治者居住长达几个世纪的广信，其城址基本基本与今天的梧州城重合。现在的梧州城始建于600年，于1364年成为广西的首府，至今仍是一座商业重镇。广西的政治中心于1665年移至桂林，虽然连续几任总督都提议把政治中心迁回梧州，但始终没有实现。1857年太平军攻占梧州，盘踞两年之久。1897年6月，梧州开埠通商。

　　在梧州下船后，右转会经过一座天后庙，庙前有一座华美的牌坊。庙后有个供军队使用的较操场①，再往后是几座小庙，其中沈公祠值得一游。梧州俱乐部位于一座小山谷的一侧，当地人称波楼，游客在这

────────────

　　①原书所附中文如此。——编者注

里会感到宾至如归。过了波楼就是大多数在梧州的外国人居所。城郊山坡上有座谭公庙。

梧州往东三英里就是白云山[①]，传说中舜帝死后葬于此（一说舜帝死于公元前2205年，一说是公元前1954年）。传说舜帝定期巡视疆土，了解国情。某次巡视中，他在穿越苍梧荒野时染疫不治。然而据现代的研究成果，舜帝统治的疆域似乎只有黄河流域的一小块地区。

在梧州下船后左转就是主要商业街道。到达城墙之前，登上一段阶梯可到东岳庙。附近池塘一侧是小巧精致的准提寺。

进城之后可以参观城隍庙，也可以从梧州府署、学院行台、梧州协衙门、苍梧县衙门和梧道衙门中择一参观。其中梧道衙门最值得参观。

再出梧州城后，游客发现商业街道与抚河平行。龙母庙后面有一个岩洞，名叫铜鼓岩。

渡过抚河可以参观内有一座龟池的三界庙，以及白鹤观。附近山上有基督教宣道会的建筑，还有一条新路通往堡垒似的英国领事署。

回到河边，可以看到有花船停靠在高旺街附近。

---

① 注意与前文位于古代广州城城外的白云山区分。——编者注

这里的花船与广州的相似，但是体量要小的多。

跨过西江就到了名为火山的小山，山顶有一座宝塔，塔的上半部分多年前被雷劈坏了。这座山上还有一座文昌庙，庙旁有一个12世纪的古老船锚。

过了梧州后，西江沿岸是一连串的高山峡谷和急流险滩，风景壮丽。汽船只能开到距离梧州120英里的浔州。这一路经过的市镇有戎墟、赤水、容潭及人和墟，其中容潭有一座宝塔值得参观。从梧州到浔州的航线还会经过以下地区：

藤县城 —— 这是一个地方行政中心。自此地驶过濛江墟就遇到一座名为走马滩的峡谷，再往前是狗尾滩和20里外的白马滩。

白马滩 —— 附近有集镇名白马墟，镇上有座真武庙。过了白马墟是严蛇滩和名为武林墟的小镇，然后就到了平南县城。

平南县城 —— 过了平南县城依次经过姑翁滩、鹧鸪基滩、龙门滩及虎跳滩，接着就到大皇江埠。

大皇江埠 —— 这是附近地区最大的集镇，本地贸易集中在此进行。

汽船自大皇江埠出发，驶过羊栏峡不久就到了浔州府城。

浔州府城 —— 该城以后的水域只有本地船才能

通行。浔州地处左江（也称南宁江）和西江干流的交汇处。左江于1902年对外国商船开放，但是全年只有两到三个月适宜汽船航行。

从浔州到南宁的距离约为150英里，途中经过雁排峡和横州城。

游客如想继续旅行，可参考下面的介绍。因为途经的大多数河流都是水量不丰的山溪，所以再往前的旅程差不多只能走陆路。广西的这一区域主要是丘陵地貌，东岭山和其他丘陵纵横交错。从浔州到太平城需要四天，再走两三天才到龙州。

龙州 —— 位于崇左和高平交界处的河谷间，四面环山。附近有一座苏氏家祠。龙州是道台驻地，于1889年开埠通商，设有大清皇家海关的一个分关。

沿着一条在中国而言路况相当好的马路，前行50千米就到了镇南关①。这个村子四面都是炮台，关楼大部分建在险峻的高山之上。在两座高山间的峡谷内，有一座被在越南的法国人称作中华门的城门。但是中越两国真正的分界线离城门还有些距离，分界线上竖有一块刻有中法两国文字的界碑。离中华门大约半英里的地方有一座法国海关检查站。广西铁路的终

---

① 镇南关（今友谊关）是中国南疆的重要关口。——译者注

点站设在距离镇南关5英里之外的同登村。这个村子的居民主要是中国人，但铁路附近有一家法国人经营的饭店。距离同登村13千米处有座集镇——驱驴，镇上居民也是中国人。旁边的驱驴山上有许多石窟，窟内遍布神佛和名将的雕像，其中有一座大佛仿佛是以当地的主持为原型塑造的。谅山是一座军事重镇，是1885年3月清军大败法军的地方。驱驴邮政局附近有一家不错的旅馆。铁路在宋商谷蜿蜒有几公里，沿途景色秀美。在到达红河平原前会经过几座镇子，其中最大的是越南的谅沧府。穿过红河上著名的杜梅桥①，就来到了河内。从河内乘坐火车3个小时就到了海防港，海防港和香港之间船运往来十分频繁。

从广州到海防需要20天左右。

大清邮政局在佛山、西南、三水、肇庆、德庆和梧州六地建有分局，采用其邮政资费标准（参见第3页）。从龙州邮政局无论寄往中国内地、越南还是万国邮政联盟所属国，重量不超过半盎司的邮件资费一律为10分。大清电报局在广州、佛山和梧州之间建有电报线路，在这几座城市之间也建有很多分站点。

---

① 今龙编桥。此桥建于法属印度支那时期，当时的法属印度支那总督是保罗·杜梅（Paul Doumer，1857—1932），所以桥就被命名为杜梅桥。——译者注

除此之外，梧州到桂林、南宁和龙州之间也都建有电报线路。法国电报局在龙州也设有业务点。

东京地区有数家邮政局。从当地寄往法属印度支那、法国其他在华邮政局和法国的资费为每半盎司15法分，寄往香港和万国邮政联盟所属国则需25法分。法属印度支那地区的电报通讯也十分便捷：东京地区内的资费为每字2法分，从东京到安南①和交趾支那②等地每字8法分。此外还有三条电缆线路：分别为从西贡③至新加坡、西贡至香港以及岘港至厦门。

北江

（前往此地的旅客必须随身携带通行证）

北江发源于分隔广东和湖南的梅岭，蜿蜒300英里后与西江在三水汇合，共同冲积形成了珠江三角洲。北江是中国南方最古老的贸易线路之一。早在公元前196年，就有南越王因邻国长沙王（领地位于今天的湖南）限制北江贸易而不满的记载。公元前112

---

① 越南历史地名，隶属于法属印度支那。位于今天越南北部和中部。——译者注

② 中南半岛的一个历史地名，位于今天越南南部。——译者注

③ 今胡志明市。——译者注

年，中原军队就是经这条路线攻克了南越，把广东纳
入了汉朝版图。从那时起直至19世纪中期长江口岸
开埠通商，通过北江航线的贸易量一直十分可观。汉
口开埠通商后分流了梅岭以北的大部分水上贸易，现
在北江主要服务于本地贸易。

汽船全年都可在至芦包为止的水域行驶。芦包距
离广州约80英里，乘汽船单程需要9至10个小时。从
芦包到飞来寺①的这段水域只在三、四月适宜汽船通
行，汽船从广州到飞来寺大约有15个小时的航程。
其他时间出游的旅客只能乘坐本地船只，从广州出发
往返需要6天左右。

飞来寺以后的水道就只有本地船可以通行了，而
且非常难走，因为一路都是急流漩涡、暗礁险滩。粤
汉铁路②预计将会沿着北江航道延伸大约200英里，
但在该铁路全线通行以前，游客难以抵达风景优美的
腹地。因此，以下介绍将止于广东与湖南交界地区。

---

① 此处飞来寺应指位于今清远市的飞来寺（第91页），与前文第38
页广州小北门旁的飞来寺不同。——编者注

② 粤汉铁路至原书出版的1904年，只修了广州到三水段，以及棠溪
站至黄沙车站间的铁路。此后波折不断，修修停停，直到1936年8月，才
成功修成。1936年9月1日，从武昌开出直达广州的第一趟列车，时速只
有35公里，从武昌到广州需要44个小时。——译者注

　　游览路线 —— 前述的游览路线最远到达三水（参见第99—100页）。过了三水，首先值得一去的是芦包。

　　芦包 —— 一个中等大小的集镇，镇上有座十分精美的狮江祖庙。

　　清远 —— 一座较大的县城，可以算是太平天国运动的发源地。太平天国的领袖洪秀全于1813年出生在清远附近，他创立的拜上帝会是一个中国民间信仰和基督教义混杂的极端组织。洪秀全和两名助手一起于1844年从清远开始传教。1849年[①]，太平军在这里起兵试图推翻清朝的统治。清远城后有山，名为太和洞，山上有几座寺庙，其中最大的是太和寺。这个地区以茶叶种植为主业。

　　白庙峡 —— 亦名清远峡，有一些绮丽的风景。快出峡时有座飞来寺面江而立。据民间传说，这里原来的佛寺在某一个夜间飞到广州小北门去了，故此得名飞来寺。寺旁有一座大瀑布。

　　连洲江口 —— 连洲江在离飞来寺约45英里之外的地方汇入北江。在离阳山县不远的江边有一座牛岩洞，洞口处犹如宏伟的大厅，洞内石柱高达70英

---

　　①原文如此，有关太平天国的描述与史实有出入。——编者注

尺，粗则8至10英尺不等。洞里满是各种石笋和石钟乳。

盲仔峡 —— 北江流域第二大峡谷，因为一块形似盲者的石头而得名。峡谷里还有一块看上去像军官的将军石。接近峡谷尽头就是高山环绕的英德县城。

观音岩 —— 距离英德县城17英里。有人这样描述："（该岩）位于瀑布和树林之间，风景秀美。背靠一座约1850英尺高的小山，崖壁深500英尺。山上有一座两层高的寺庙，建在离江面100英尺高的山沟里。进寺的阶梯和寺庙的厅堂、墙壁和禅房都是依山凿石而成的。"

韶州府城 —— 当地人称韶关，在梅岭脚下。这里原来是广东省第二重要的城市，驻有好几座衙门。南华古寺内有座令人惊叹的佛像，据说是真人坐化而成的。府城东北方有座丹霞山，周边的风景在山上可尽收眼底。

主要景点

　　这是供来去匆匆的游客充分利用有限的时间而准备的。无论是否有向导，游客都可以聘请轿夫前往以下地区。数字代表本书的页码，供查阅相应的景点介绍。

　　第一部分能让游客在一天之内游览广州，提示去哪里、看什么。第二部分告诉游客如何有效利用一周的时间游览广州及其周边地区，广州城与周边地区各需三天。

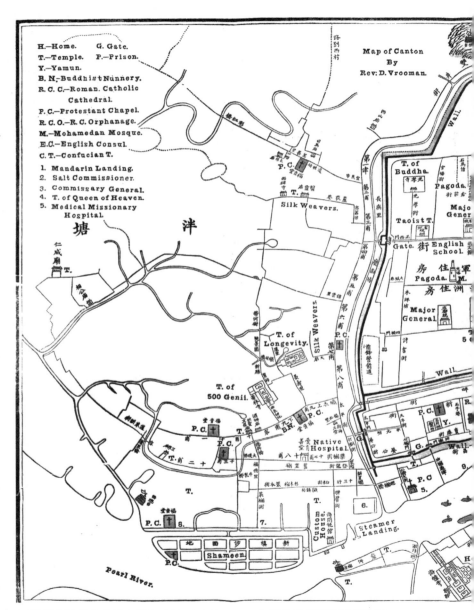

19世纪中叶美国传教士富文（Daniel Vrooman）所绘广州城及城郊地图

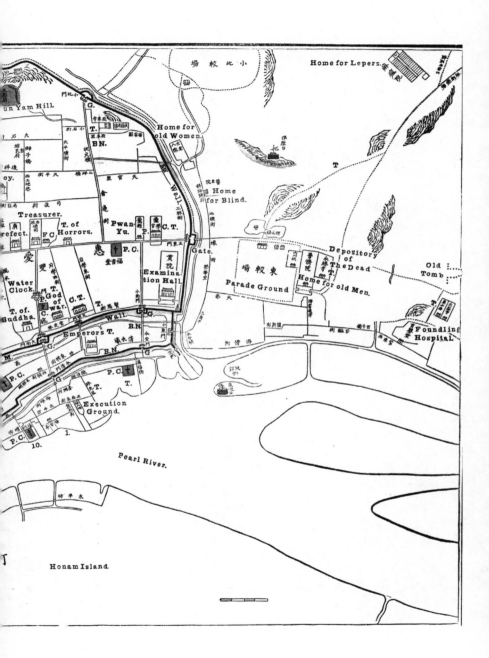

第一部分　一日游

---

① 指本书对应页码，下同。——编者注

② 参见本书"十七甫"条。——编者注

远处左边的楼阁就
是五仙观内的大
钟楼。〔英〕菲利
斯·比托　摄

第二部分　适用于在广州停留二天、三天或一周的游客

---

① 原书未介绍此地。——编者注
② 即广东大学堂。——编者注

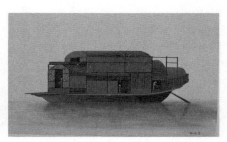

老矩艇。英国维多利亚和艾尔伯特博物馆藏

华林寺的五百罗汉堂。〔英〕约翰·汤姆逊 摄

————————

① 即"怀远驿"的通草画店。——编者注
② 即"徽州会馆"。——编者注

———————————

① 疑指原文"桃李园饭庄"。——编者注

广州贡院。黎芳 摄

① 即"大法领事衙门"。——编者注

海幢寺。［英］约
翰·汤姆逊 摄

---

① 原书所附中文如此，即学台衙门。——编者注
② 原书所附中文如此，即海幢寺。——编者注

---

① 即宛葛素坟墓。——编者注
② 即"发疯院"。——编者注

以下是游客多少会感兴趣的事物列表:

娱乐	备注①
打蟋蟀	斗蟋蟀
端午扒龙船	龙舟节
花艇	
谈相命者	算命看相
各项赌馆	
斥法	杂耍
放纸鹞	放风筝
摆年晚市	新年集市等节庆活动

---

① 原书中英文并列,英文多为说明性文字,此处选译部分条目,中英文同义者不译。——译者注

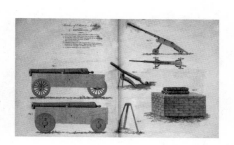

中国的大炮和武器。
（［英］约翰·巴罗，
《中国旅行记》）

烟馆

踢燕　　　　　　　　　踢毽子

戏院

兵器之类

射箭考试

金钱炮　　　　　　　　"臭炮"

弓箭

大唤枪　　　　　　　　短火铳

本地大炮　　　　　　　土炮

弩　　　　　　　　　　十字弓

短剑

斧头

抬枪

本地各项枪	火绳枪，本地土枪与猎枪
操兵	军事演练
军衣	军服
换班上夜防守之兵	轮值守卫
刀	

食品

竹笋

豆腐

海参

狗肉、鼠肉

咸鸭蛋

果子、荔枝、龙眼等

理发匠。（［英］乔治·亨利·梅森，《中国服饰》。）

酸果	果脯
腌咸腊肉	
鱼翅	
豉油	
糖果	

五行八作

挑板印书	雕版印刷
铸铜铁匠	
罐头禾花雀	西南镇，季节性供应
	佛山
铸钟	
做小刀、剃头刀之匠	
磨房	

最高的方形塔楼，是遍布中国南方的典型当铺样式。[英]约翰·汤姆逊 摄

玻璃料鈪	玻璃镯子
吹玻璃店	
打金箔店	
焙鸭仔	孵鸭房
做泥神像店	
车象牙檀木店	牙雕、木雕
玉器店	
车玉店	切割、抛光玉石
翡翠点翠店	
织席店	
补磁器	修补瓷器
漆器店	描画漆器
漆磁店	描画瓷器
做纸染纸店	

当押店　　　　　　　当铺

烧缸瓦窑　　　　　　沙湾

腌咸鸭蛋

蜜饯糖姜

舂米

蓪画店　　　　　　　通草画店

染房　　　　　　　　丝绸染色

顾绣店

纺丝店

织机房

打银店

打金银器匠

拣茶焙茶

刨烟

药材

灸针

穿山甲片

研碎兽骨

研碎蟹干

鹿角、犀角

参

珠

海马

蛇，干的

钟乳石

鹿筋及别项兽筋

虎骨

蜡丸

白云山上的坟墓。
黎芳 摄

宗教和风水

神主牌

船户遇风烧假船替灾

神佛偶像

僧道尼

棺木

罗经   罗盘、风水

令节日

奉神巡游

佛寺做法事

道观做法事

元旦万寿官场朝贺

纸钱、纸衣等

道士

打醮

坟墓

铺店拜神

拜祖先

拜山

拜树木

古玩杂物

各款古玩

各款手画

槟榔

酸枝木器枱椅

人力车艇

犯人企笼

从五层楼附近城墙
眺望广州，远处是
花塔。

枷	
旧钱	铜板
城墙城门	
杀人刀	行刑刀
象牙檀木镶边扇	
各款雕鹅毛扇	
葵扇	
女人宫鞋	小脚花鞋
各款串炮、金钱炮	
金鱼	
锣	
刨花	女人的梳头水
围傍船	商船
勇船、官船	

西江船	鲸背甲板船，主要在西江运米
朝衣	官服
龙旗武营旗	官旗
旗杆	
官长出街摆导	仪仗
象牙银做之船及塔	模型
乐器	
高塔	
枕头	
洋烟枪	
烟筒	
雨帽	竹叶编的斗笠
剃头刀	

中国乐器（［英］约翰·巴
罗，《中国旅行记》）

联对，挂墙的

鞋

街闸

拷打刑法之器

拷打刑法

白蜡

喜轿

凤冠

迎娶及出殡

文房四宝

附　录

西江于1897年6月4日开放对外贸易，三水和梧州成为通商口岸，但是沿途的其他城镇也允许外国船只停靠和上下客。省港粤轮船公司旗下广州和梧州之间的定期航班由"西南号"和"南宁号"运作。它们都是由船尾明轮推进的蒸汽船，即俗称的轮船。船长147英尺，吃水4英尺。各船主甲板安排了6个设施完善的客舱，总共可接纳12名头等舱旅客。

航班

广州到梧州　　　　　每周一、周三和周五，早上8
　　　　　　　　　　点启航，停靠沿途各港口
梧州到广州　　　　　每周一、周三和周五，早上8
　　　　　　　　　　点30分启航，停靠沿途各港口

票价

广州到三水或三水到广州　　　7.5元　　　单程
广州到德庆或德庆到广州　　　12.5元　　　单程
广州到梧州或梧州到广州　　　15元　　　　单程
广州到梧州　　　　　　　　　25元　　　　双程